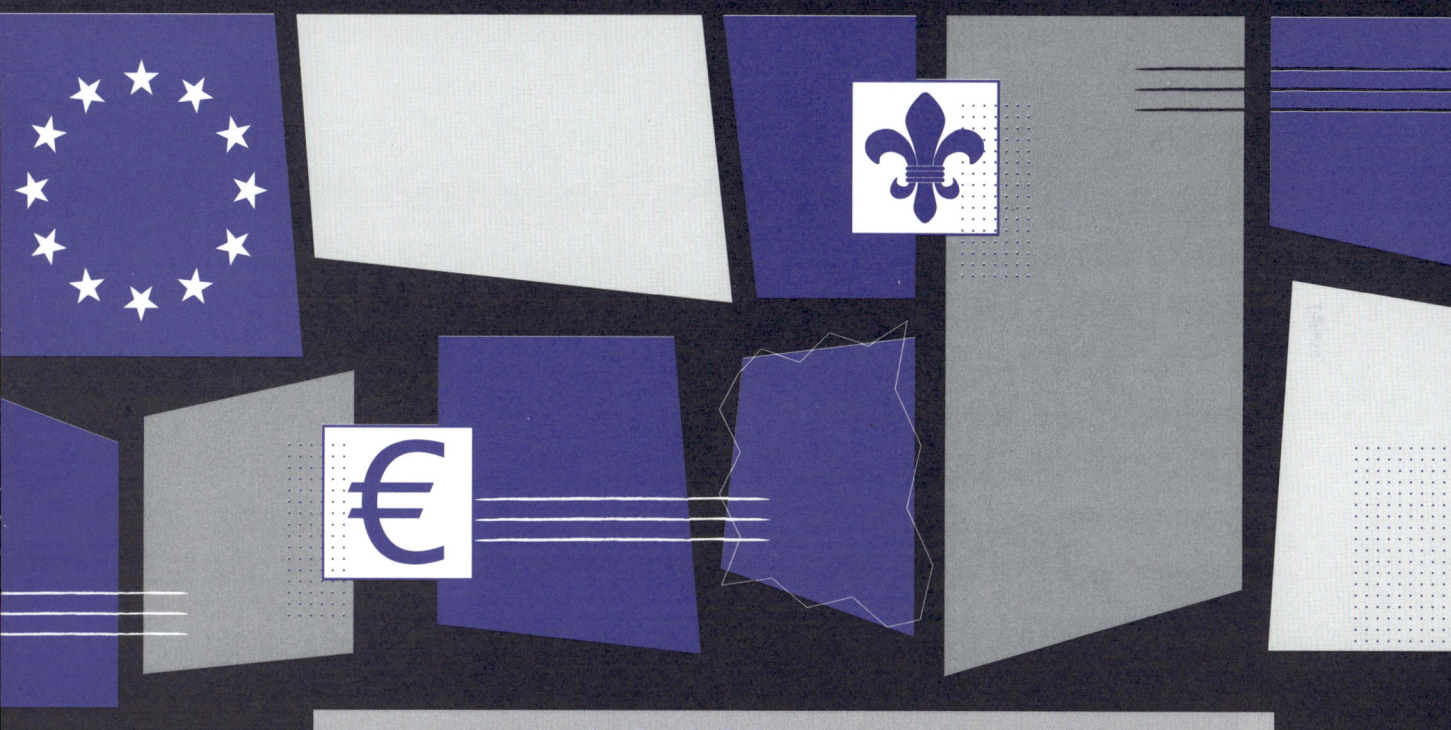

一看就懂！歐洲與地緣政治
Géopolitique de l'Europe

40張資訊圖表，從超國家體制理解歐盟經濟、軍事、移民、身分認同的挑戰，
掌握動盪世界和平新路徑

歐洲地緣政治專家 奧利維耶・德・法朗斯 Olivier de France ___ 著

李佳 ___ 譯

目　錄

前言　　　　　　　　　　　　　　　　　　　　　004

第一部　不斷被書寫的古老大陸　　　　　　　006

 1 地緣政治的身分認同？　　　　　　　　008
 2 歷史上的身分認同？　　　　　　　　　012
 3 知識上的身分認同？　　　　　　　　　016
 4 文化上的身分認同？　　　　　　　　　020
 5 歐洲人民的身分認同？　　　　　　　　024
 6 民主的身分認同？　　　　　　　　　　028
 7 政治上的身分認同？　　　　　　　　　032
 8 司法上的身分認同？　　　　　　　　　036
 9 價值觀上的身分認同？　　　　　　　　040
 10 所以歐洲到底是什麼？　　　　　　　　044

第二部　歐盟的功能是什麼？　　　　　　　　048

 11 誰來捍衛歐洲的利益？　　　　　　　　050
 12 歐盟在經濟上有何作用？　　　　　　　054
 13 歐盟在商業貿易上有何作用？　　　　　058

14	歐盟在政治上有何作用？	062
15	歐盟在移民問題上的角色是什麼？	066
16	歐盟在外交上有何作用？	070
17	歐盟在戰略上有何作用？	074
18	歐盟在軍事上有何作用？	078
19	英法關係有何作用？	082
20	德法關係有何作用？	086

第三部　歐洲是個強權嗎？　090

21	歐洲是和平的代名詞嗎？	092
22	金融危機摧毀了歐洲？	096
23	古代政治的重複書寫	100
24	持續不斷的戰略雜音	104
25	認知失衡的風險	108
26	歐洲有軍事能力嗎？	112
27	美國是歐洲的盟友嗎？	116
28	歐洲之南	120
29	歐洲之東	124
30	歐洲與中國	128

第四部　歐洲的未來會如何？　132

31	歐洲的三道傷痕	134
32	歐洲新時代？	138
33	歐洲：「巴爾幹化」世界的前兆還是壁壘？	142
34	英國的未來會如何？	146
35	英國足球隊：歐洲矛盾的前哨站？	150
36	脫歐的後遺症？	154
37	邁向一個更凝聚的歐洲？	158
38	托克維爾陷阱	162
39	歐盟會解體嗎？	166
40	邁向一個關係型的歐洲	170

參考書目	174
資訊圖表來源	176

前言

「歐洲地緣政治」從根本上來說，是否是個不恰當的詞彙？畢竟這片古老的大陸，如今正因擺脫了過去的地緣政治災難而感到自豪，同時致力於塑造一個後歷史時代的世界。當前歐洲政治的特殊性，正在於這個既不劃分勢力範圍、也不玩零和遊戲[1]、更不服膺於現實政治[2]（Realpolitik），以自身利益為中心的全新模式。即便當前世界的步伐紛亂不堪，歐洲的榮耀依然向世人揮舞著一支充滿理想的和平旗幟。總而言之，歐洲難道不是最典型的「非地緣政治行動者」嗎？

事實上，20世紀的種種衝突已經重塑了全球的權力分布，並迫使歐洲接受自己不再是世界政治重心的事實。尼古拉・哥白尼（Nicolas Copernicus）、查爾斯・達爾文（Charles Darwin）和西格蒙・弗洛伊德（Sigmund Freud）也在此過程中扮演了要角，迫使這個古老大陸承認其他文明早已知曉的事實──人類既不位於宇宙的中心，也不站在歷史的終點，更不是自身行為的絕對主宰。

昔日當哥白尼證明人類不位於宇宙中心時，不但消除了佛洛伊德所稱的第一次自戀幻覺[3]，也同時提出了日心說，為人類提供了一個替代地心說的典範。今天的歐洲並沒有提出新的典範，因此只能為過去的地位哀悼，但自身卻尚未塑造出未來的角色。事實上，能夠使歐洲政府與其人民和解的政治系統仍有待構建，而更糟的是，英國脫歐確定了一件事：歐洲政治一體化是一項「可逆的過程」。

這是歐洲的第二次自戀傷害：無論有意識與否，歐盟如今不能再將自己視為西方歷史進程的巔峰之作。相反地，歐盟連其最初建立的原則都難以維護。技術性地維持現狀已無法阻止歐洲核心價值的瓦解，例如因新冠病毒和難民危機而蒙受威脅的申根區，或是歐盟內部對法治的侵犯。

第三次自戀傷害則最隱蔽。它來自一種普遍的社會印象，即人民已經失去了對集體命運的控制，甚至對世界的理解能力。這種對未來集體影響力的喪失感，來自於科技發展的猛烈變化、金融資本主義的快速成長和氣候變遷等不可名狀之力。

歐洲大陸目前正處於創造新歷史的起始點。過往那種心照不宣的例外主義[4]已不復存在，以帝國工業化模式進行經濟成長的必要性也不再是共識，而今日的歐洲必須在這種情況下，嘗試書寫歷史。歐洲必須首先能夠提出夢想中的未來：一個降低暴力、減少霸權獨占、更具包容性、更提倡共享、對其政治生態和自然生態更有益的未來，並努力將其實現。

這是否意味著,歐洲能夠重新構建一種更「女性化」的政治形式,與過去那些充滿征服和破壞性的帝國主義分道揚鑣,同時又能夠捍衛自身利益?也許可以,儘管歐洲過去的歷史經驗並無法使得這項任務變得容易:如古老傳說中的歐羅巴公主(Europa),在提香(Titian)的畫中溫順地被公牛帶走;在塞巴斯蒂安．明斯特(Sebastian Münster)的華麗中世紀地圖上,歐羅巴女王手持地球儀,身上穿戴著成套的男權飾物,準備將基督教傳播到世界各地。這些傳說故事和人物形象需要澈底翻新,就像這本書封面(原文書書封)上「歐洲化」的瑪麗安娜[5](Marianne)所代表的精神。在歐羅巴公主的被動與歐洲女王的侵略性之間,存在著一個充滿可能性的領域。

然而,僅僅更新自己的答案並不足以解決問題,因為新時代的答案早已以一種無法拒絕的態勢,充斥於網絡和日常生活中。關鍵在於要以不同的方式提出問題。若我們將歐洲的未來限制為民族主義和聯邦主義之間的選擇,就等同於提前斬斷了創造尚不存在的未來模式的可能性。若將 20 世紀宏大的集體極權主義,和 21 世紀充滿自由、卻專制且忿忿不平的渺小個人相提並論,固然可以讓我們與逐漸走向衰敗的「過去」和「現在」劃清界限,但卻難以幫助我們構建「未來」。

英國小說家莎娣．史密斯(Zadie Smith)、法國饒舌歌手布巴(Booba)或法國哲學家吉爾．德勒茲(Gilles Deleuze)是嘗試重新思考歐洲的幾個例子;歐洲是一本不斷被重複書寫的手稿,是一幅文字和思想的拼圖,也是一個實驗室,世世代代的混合體在其中不斷重新創造出個體與社群、國家與大陸、身分認同與共和體制、村莊聚落與遠端的地平線。本書接下來的內容是對創造新時代的微小貢獻,而古老的歐洲大陸尚未完全理解這項事業的規模。本書最終呼籲,建立一個真正關係密切的歐洲,既植根於其共同的歷史和集體演變,也植根於其生態、地理和戰略環境。新的歐洲不應該再將固定、內向且反應性的身分認同拼湊在一起,而應該在永恆的變化與塑造的過程中,尋找出共同的基礎。

---

[1] 指在一個競爭情境下,所有參與者的利益總和為零,即一方的利益增長必然來自於對方的損失,且彼此沒有合作空間。
[2] 19 世紀末普魯士首相俾斯麥(Bismarck)提出的政治觀念,認為當政者應以國家利益作為從事內政外交的最高考量,而不應該受到當政者的感情、道德倫理觀、理想、甚至意識形態的左右。
[3] 指世人認為自己是「世界中心、是被眾人關愛」的認知方式。
[4] 又稱特殊主義,一種理論與意識形態,主張某個國家、民族或時期具有獨特的性質,因此不能用一般理論或規則來解釋或評價。
[5] 法國的國家象徵,是自由與理性的擬人表現,相對於傳統高盧王國的象徵──雄雞,瑪麗安娜的女性形象象徵新時代的法國政治,也出現在法國鑄造的歐元硬幣上。

第一部

不斷被書寫的古老大陸

1 地緣政治的身分認同？

　　這片大陸原本充滿了各種畸零的不和諧體，卻在幾個世紀的歲月中，緩緩形塑出一個微小的奇蹟：現今的歐洲。由於歐洲大陸的東方沒有海洋所構成不可踰越的障礙，因此其自主性似乎一直隨著歷史的發展和人類事務的需求而流轉演變。

　　法國詩人保羅・瓦勒里（Paul Valéry）最著名的一句格言曾說，歐洲是一個「舊大陸的海角，亞洲的西側屬地」，其北臨極地，西面被大西洋包圍，南面則止於地中海。但瓦勒里的後續觀點往往不為人所知，其中一部分談到了歐洲的興起──「萬物在精神和物質上的交流，不同種族間自願和非自願的合作，各種宗教、體系、利益在一個非常有限的領土上相互競爭」。

　　高加索山和烏拉山在博斯普魯斯海峽、達達尼爾海峽、黑海、愛琴海和裡海等水域周圍拔地而起。而德尼・狄德羅（Denis Diderot）和勒內・達朗貝爾（René d'Alembert）所編纂的百科全書，在 1772 年以這些河山為邊界，定義了歐洲。古羅馬詩人盧坎（Lucan）則將歐洲定位在頓河上，他宣布這條河是亞洲和歐洲的邊界。

從里斯本到海參崴

　　至今關於土耳其能否加入歐盟的辯論，或者過去蘇聯是否該被視為一個大陸實體的爭議，都只是

歐洲東部邊界定義一系列變化中的兩個當代版本。近三千年來，歐洲的邊界在烏拉山、裡海和高加索山地區浮動，與該地域近三千年來的政治和文化戰爭緊密交織。歐洲由政治的進程、文人的智慧、工匠的技藝和大教堂的建築，歷時數千年共同孕育而生，建立在歷史學家費爾南・布勞岱爾（Fernand Braudel）所稱「國家、人民、民族、地域令人難以置信的不斷分裂」之上。

戴高樂（De Gaulle）、戈巴契夫（Gorbachev）和梅特涅（Metternich）都曾根據不斷變化的想像來界定歐洲的邊界，這些想像從傳統西方的「小歐洲」，擴展到由大西洋延伸至烏拉山的「大歐洲」，甚至涵蓋了遠從里斯本延伸到海參崴的文明連續性。

而歐洲東部邊界難以定義的傳統特徵依舊存在。《歐洲聯盟條約》第四十九條規定，「任何歐洲國家」均可加入歐盟。圍繞著歐洲國家建立的不同機構，從歐盟理事會（European Council）到歐盟，都根據自己的邏輯設定了地理限制。然而，歷史同樣提出了歐洲大陸南部邊界的問題。從地理角度來看，歐洲大陸南界的定義問題，更常因連續的地緣政治競爭和希臘、羅馬、拜占庭、摩爾人或奧圖曼帝國留下重疊的印記，而顯得模糊不清。歐洲大陸南界的問題所強調的，事實上是地中海在歐洲歷史上的重要性。

在陸地與海洋之間

舊大陸的北部和西部邊界，就其本身性質而言，可以沿用卡爾・施密特（Carl Schmitt）所提出的陸地和海洋之間的界限，並較少受到地理爭端的影響。然而無論我們選擇何種邊界，有時都似乎容易忘記，歐洲的面積不過約與加拿大相等，或約等同於非洲的三分之一，美洲和亞洲的四分之一，或俄羅斯的一半大小。

相較於其長久的歷史和所催生出的龐大全球帝國，舊大陸僅只占據北半球和歐亞大陸的一小部分。它的海岸線比地球上其他地方更為曲折，並且形塑出了各種深入陸地的海灣和內海。今天的歐洲仍然是世界上最分裂的大陸，其海岸線綿延約32,000公里，任兩個地點的距離均不超過1,500公里，但它卻足以容納所有氣候類型，並展現出高度多樣化的文化和地形景觀。

> 歐洲大陸的自主性，似乎一直隨著歷史的發展和人類的需求而改變。

焦點

「非左派的觀點就有點像是在寫自己家的地址：從自己所在處出發，寫下所處的街道、城市、國家、甚至其他國家，越拉越遠。我們會從自身出發，乃是因為我們是特權階層，生活在一個富裕的國家中，所以我們會思考：『該如何讓這種情況持續下去？⋯⋯如何讓歐洲存續下去？』等等。而左派思維則相反。我們首先應該感知周圍的環境⋯⋯世界、歐洲、法國等等，最後才是住在畢札特街的我。這是一種關於感知的現象：我們首先感知到的，是地平線上的遠景。」在 1988 年哲學家德勒茲錄製的「字母表」（Abécédaire）訪談中，此充滿直覺性、原創性且具爭議的觀點，可以幫助我們閱讀本書後續的論述與例證。可以看出，這種藉由感知來描繪政治定位的指引方式，遠在社群網絡對當代民主社會中極端個人主義產生影響前就已經出現。

要點

數世紀以來，歐洲的邊界一直充滿了衝突與爭議，但偶爾也創造了合作的契機。邊界的形貌比任何地理決定論更能體現邊界劃定者所關心的重點。然而，人們似乎很容易忘記，歐洲的面積不過約與加拿大相等，或約等於俄羅斯的一半。而無論如何定義，歐洲仍然是世界上政治最為分裂的陸塊。

不斷被書寫的歐洲

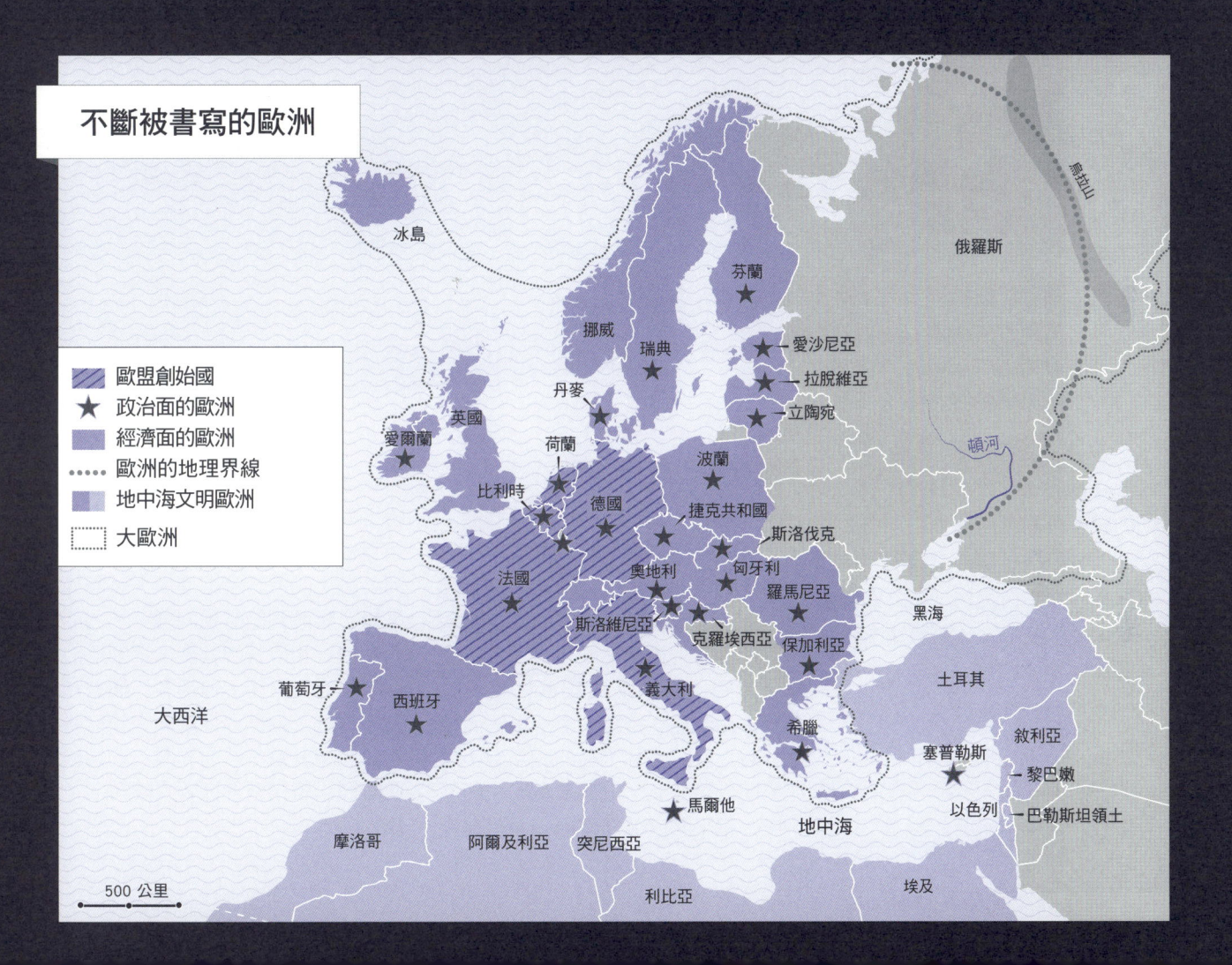

圖例：
- 歐盟創始國
- ★ 政治面的歐洲
- 經濟面的歐洲
- ⋯⋯ 歐洲的地理界線
- 地中海文明歐洲
- 大歐洲

地名標註：

冰島、俄羅斯、烏拉山、芬蘭、挪威、瑞典、愛沙尼亞、拉脫維亞、立陶宛、丹麥、英國、愛爾蘭、荷蘭、波蘭、頓河、比利時、德國、捷克共和國、法國、奧地利、斯洛伐克、匈牙利、羅馬尼亞、斯洛維尼亞、克羅埃西亞、保加利亞、黑海、葡萄牙、西班牙、義大利、希臘、土耳其、敘利亞、塞普勒斯、黎巴嫩、以色列、巴勒斯坦領土、大西洋、摩洛哥、阿爾及利亞、突尼西亞、馬爾他、利比亞、地中海、埃及

500 公里

2 歷史上的身分認同？

克里斯多福・哥倫布（Christopher Columbus）在為 1492 年發現美洲的航海行動籌措資金時，跑遍了歐洲各國的宮廷與外交機構。在經歷了無數次失敗之後，最終得到葡萄牙國王的資助，才得以開闢一條由歐洲通往西印度群島的海路。這有一部分要歸功於歐洲各國宮廷一盤散沙的狀態，以及其彼此之間的政治競爭，哥倫布才能夠為其遠征計畫找到資金。

從哥倫布到祖克柏

比起當年哥倫布發現美洲，今日的歐洲國家的數目更多。從最廣泛的地理意義上來看，歐洲大陸上有四十六個國家，其中二十七個屬於歐盟。幾個世紀以來，各國領土之間不斷地征服和再征服，讓「歐洲半島」持續不斷地重組而後分裂，從義大利半島的城邦到中歐公國皆是如此。縱觀歐洲國家的歷史，和平共處並非常態，而想要團結合作總會經歷巨大的困難。

如今，谷歌的艾瑞克・施密特（Eric Schmidt）和臉書的馬克・祖克柏（Mark Zuckerberg）正在歐洲各國之間進行合縱連橫，試圖找出對企業最利的財稅制度。熱內亞的航海家和矽谷的冒險家之間雖然相隔超過五百年，但卻有一個共同點，那就是他們都從歐洲大陸的政治分裂中受益。然而，歷史的鐘擺此時卻已將指南針從新大陸轉向了舊大陸。

歐洲猶太教和基督教遺產之間的基本爭端同樣由來已久，且常常被利用來服務當代的政治分歧。自世紀之交以來，這個問題已經多次浮上檯面，從2000年制定的《歐洲聯盟基本權利憲章》，到2005年被否決、但後續由《里斯本條約》載明的「歐洲聯盟憲法草案」，其間的辯論無不觸及此一問題。《里斯本條約》的序言稱，歐洲大陸的身分認同，是透過「從歐洲文化、宗教和人文遺產中汲取靈感」而建立。這種開放式的宣言，可以讓歐盟官方規避是否承認宗教遺產的問題。

歐洲的猶太教和基督教遺產

宗教社群機構所面臨的挑戰確實是多重且複雜的。事實上，這是一個尊重國家特殊性的問題，根據《里斯本條約》第十七條，宗教信仰的管理權留給歐盟各成員國自行決定，該條文承認每個國家對國內宗教關係的管理方式，還進而保證歐洲宗教少數群體不受歧視。與此同時，歐洲人依舊下意識地想要從其基督教傳統中提煉出普世價值。在一個傾向逐漸將舊大陸「地方化」的

> **谷歌的施密特和臉書的祖克柏正在歐洲各國之間展開合縱連橫，就像哥倫布曾經對歐洲各國宮廷做的一樣。**

世界中，歐洲普世主義的流變將是21世紀的重大議題，即便我們尚未找出解答。因此在穆罕默德諷刺漫畫或移民問題等爭議中，歐洲的猶太教和基督教基礎之爭一定會不斷還魂。面對歐盟對匈牙利移民政策的制裁，匈牙利總理維克多・奧班（Viktor Orbán）表示，自己的所作所為是在「捍衛歐洲基督教文化」。這種長期以來對宗教認同的想像，也在經濟危機時期助長了歐盟分裂的趨勢。2008年金融海嘯時，蟬和螞蟻[6]的刻板印象便被不斷炒作：北方國家被描繪成節儉且審慎的「螞蟻」，代表著新教倫理與資本主義精神；而歐洲南部則被比作揮霍無度的「蟬」，令人想起天主教華麗的紋飾和炫富傳統。

因此，正如法國哲學家埃德加・莫杭（Edgar Morin）所言：歐洲的價值觀戰爭使其「在地理概念上與亞洲沒有邊界，且在歷史概念上的邊界又不斷變化；因此歐洲是一個具有多種面貌的概念，若將這些面貌強行重疊，只會更模糊不清。」

第一部　不斷被書寫的古老大陸　013

焦點

在歐洲的政治傳統中，教會與國家之間存在著多重關係。政治學家皮耶‧布雷雄（Pierre Bréchon）將其分為三大類：一是政教緊密聯繫、二是政府公開承認宗教、三是政教（原則上）完全分離。英格蘭就是屬於第一類，其政府承認英國聖公會，並在上議院給予教會保留席位，同時國家參與主教的任免。蘇格蘭、北愛爾蘭和威爾士則與英國聖公會關係較疏遠。德國則屬於第二類，天主教和新教得益於公法的承認，有政府公開認可的崇拜制度，並使宗教有可能與各邦當局談判、達成協議。法國則代表第三類，1905 年通過的法案確立了教會與國家的嚴格分離以及世俗主義（laïcité），這引發了大量宗教在公共領域角色的爭論。第三類國家的公共服務，在官方立場上是中立的。

---

[6] 蟬和螞蟻是源自一則寓言故事，以愛唱歌的蟬比喻華而不實者，以螞蟻比喻辛勤勞動者。

要點

涉及歐洲漫長歷史中猶太教與基督教遺產的爭論向來眾多且由來已久，並常會在變幻莫測的當代政局中，被利用來服務於種種政治鬥爭。歐洲的價值觀是在一段變化多端、紛擾不堪的歷史中建構起來的，像被重複書寫的羊皮紙一樣，在幾個世紀中層層疊加。正如前文中莫杭的結論：「歐洲是一個具有多種面貌的概念，若將這些面貌強行重疊，只會更模糊不清。」

歐洲歷史上的身分認同

古代
- ○ 民主的搖籃
- ━ 西元2世紀羅馬帝國的疆域

中世紀與現代
- ━ 穆斯林王國和穆斯林帝國最大疆域
- ◆ 新教改革的發源地
- ◇ 天主教宗教改革的發源地

主導的宗教傳統
- 天主教地區
- 東正教地區
- 新教地區
- 穆斯林地區

威登堡
日內瓦
羅馬
布加勒斯特
馬德里
雅典
大西洋
地中海

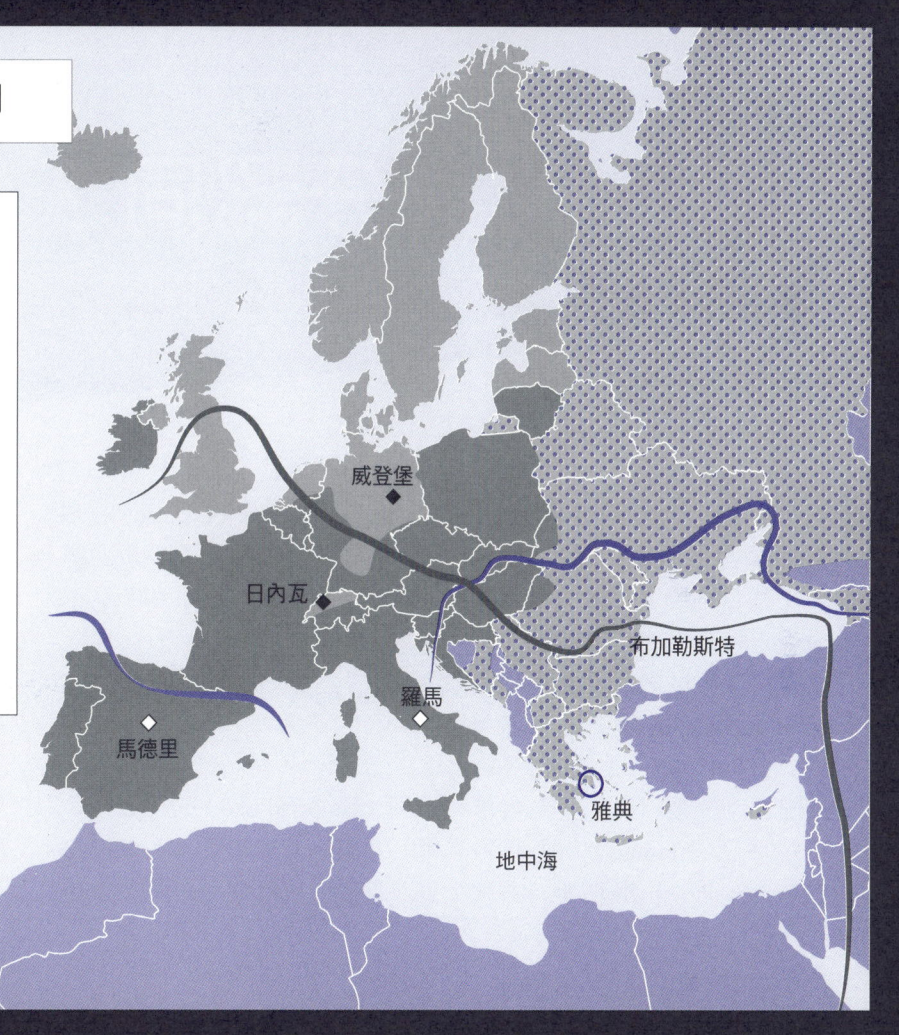

500公里

3
知識上的身分認同？

　　歐洲科學學院、宗教團體和知識份子之間的交流，可以追溯到古希臘哲人塞內卡（Seneca）和天主教哲人聖奧古斯丁（Saint Augustin）穿越歐洲、環繞地中海的旅程。文藝復興時期，大師級工匠在不同的大教堂之間奔波，從事抄寫的僧侶則漫遊在歐洲各個圖書館裡，試圖回應人文主義學者伊拉斯謨（Erasmus）、馬基維利（Machiavelli）和湯瑪斯·摩爾（Thomas More）之間的對話，以對羅馬詩人盧克萊修（Lucrece）的《物性論》等古代手稿做出當代的詮釋。他們建立了歐洲的大學傳統，並以此為啟蒙運動奠下了基礎。

歐洲天賦？

　　根據義大利歷史學家安伯托·艾可（Umberto Eco）的說法，「文學、哲學、音樂和戲劇作品之間的長期對話，就是歐洲文化認同的基礎。」歐洲實際上是一個實踐和思想相互碰撞、彼此推動的大熔爐：「自1088年波隆那大學誕生之日起，來自歐洲各地的神職人員就從一所大學流浪到另一所大學。從瑞典烏普薩拉到義大利薩萊諾，他們用唯一的共同語言──『拉丁文』進行溝通」。

　　歐洲歷史上是否不曾有過領土、宗教或文化上的專制統一？羅馬帝國本身從未尋求將歐洲大陸統

一化，儘管其政權在整個歐洲大陸上建造了便捷的道路網絡與輸水系統，以促進貿易、運輸和通訊，但羅馬的公民身分從來不取決於單一的宗教信仰和文化認同。如今歐洲各大都市整齊劃一的市中心、隨處可見的連鎖服裝店以及標準化的咖啡館，是否反而陰錯陽差地完成了凱撒當年未成功的統一志業？隨著當今歐洲各國的經濟交流愈趨頻繁、法規統整和技術融合，最終產生了當代形式的政治和文化標準化。

顯而易見的複音音樂

歐洲的整體基調就是一種顯而易見的複音音樂[7]（Polyphony）。歐洲認同建立於不斷的對話之上，而歐盟的基礎則是耐心與妥協。歐洲認同依賴於一種脆弱的平衡，整體之中的每個部分都有自己的特質，可以互利互補，以共同實現政治目標。歐洲的藝術創造、技術發明、科學革命和知識創新彼此交叉融合，就像是一幅「文字和思想的拼圖」，並成為歐洲大陸發展史的標誌。

> 「這只是個由文字和思想構成的拼圖。」
> ——布巴

1998 年，歐盟各國簽署了「索邦大學宣言」，決議打造歐洲高等教育共同標準。這項決議隨後帶來了波隆那進程（Bologna Process），旨在建立「知識歐洲」和具有國際競爭力的歐洲高等教育市場。

早在 1973 年，歐洲議會（European Parliament）就要求歐盟委員會採取措施，保護成員國的文化遺產。1977 年，歐盟委員會實施了第一項文化行動計畫，希望讓歐洲認同浮現在文化層面上。此後，1992 年的《馬斯垂克條約》為歐洲提供了文化領域的管轄權。條約中表示，歐洲共同體將在尊重文化多樣性的前提下，為成員國文化的繁榮做出貢獻，同時也強調歐洲各國共同擁有的文化遺產。

也許這麼做能夠同時揭示和解決「歐洲本質」這個棘手的問題。瓦勒里曾以一種非常簡單而美麗的方式定義歐洲：「無論身處何地，只要凱撒（Caesar）、蓋烏斯（Gaius）、圖拉真（Trajan）和維吉爾（Virgil）之名；摩西（Moses）和聖保羅（Saint Paul）之名；亞里斯多德（Aristotle）、柏拉圖（Plato）和歐幾里德（Euclid）之名，都具有共同的象徵意義，那就是歐洲之所在。」

焦點

　　2000年3月制定的「里斯本策略」協調了歐盟各國的大學週期，從而深入了解各個學程所培養的技能，並為歐洲教育打上共同的標籤，藉此確保學生在歐洲內部就業市場上擁有更佳的流動性。但放鬆管制也帶來了競爭壓力，並使得歐洲的知識空間更容易被無能的預算管理影響。2017年，法國總統馬克宏（Macron）在索邦大學發表演講後，歐盟理事會提出了一項倡議，希望在2024年之前打造出「大約二十所歐洲大學」，該倡議同時包含在伊拉斯謨計畫2021至2027年規劃的「歐洲大學」行動方案中。這些舉措讓人想起從前存在於古老歐洲的「文人共和國（Republic of Letters）」，並體現了文豪雨果曾敘述的願景，即「有朝一日，除了開放的商業市場和開放的思想擂台之外，不存在其他戰場」。

---

[7] 一種多聲部音樂，不同的聲部吟唱不同的獨立旋律，透過樂理處理使其和諧地結合在一起。

要點

　　歐洲認同建立於不斷的對話之上，依賴於一種脆弱的平衡，整體之中的每個部分都有自己的特質，可以互利互補，共同實現政治目標。正如瓦勒里對歐洲最優美的定義：「無論身處何地，只要凱撒、蓋烏斯、圖拉真和維吉爾之名，摩西和聖保羅之名，亞里斯多德、柏拉圖和歐幾里德之名，都具有共同的象徵意義，那就是歐洲之所在。」

思想上的歐洲——文人共和國

圖例：
- ◌ 人文主義與文藝復興的發源地
- ◉ 新教改革的主要中心
- ◆ 新教主要大學
- ★ 反宗教改革的中心
- ○ 啟蒙運動的重要據點

1789年的科學協會和學院
- ○ 官方機構
- • 私人機構

地名：
特隆赫姆、烏普薩拉、斯德哥爾摩、聖彼得堡、亞伯丁、格拉斯哥、聖安德魯斯、愛丁堡、都柏林、哥特堡、北海、曼徹斯特、哥本哈根、隆德、羅斯托克、柯尼斯堡、但澤、彼得伯勒、劍橋、哈倫、格賴夫斯瓦爾德、伯明罕、萊頓、華沙、牛津、鹿特丹、烏得勒支、哥廷根、柏林、倫敦、安特衛普、哈倫、威登堡、萊比錫、克拉科夫、布魯塞爾、馬爾堡、耶拿、巴黎、色當、艾福特、布拉格、歐洛慕奇、曼海姆、海德堡、維也納、索米爾、史特拉斯堡、圖賓根、布達佩斯、巴塞爾、慕尼黑、蘇黎世、日內瓦、洛桑、特倫托、里昂、米蘭、羅韋雷托、威尼斯、奧爾泰茲、蒙托邦、杜林、帕多瓦、維羅納、佛羅倫斯、波隆那、里斯本、蒙彼利埃、埃斯庫里亞爾、巴塞隆納、西恩納、羅馬、拿坡里、大西洋、地中海、巴勒莫

500 公里

4
文化上的身分認同？

　　Hassandu13、Maevede Savoie、Kev59、Hugo Reims Barca 或 XVII Jonas——我們只需到網路論壇上瞄一眼，就可以意識到，當今的虛擬身分反映出的並非一個大型的全球化整體。相反地，歐洲年輕人似乎將各種個人認同放在首位：認同一個地方、一片領土、一個郵遞區號或一支體育隊伍——可以是國家隊，也可以是大型的外國球隊（如巴塞隆納、皇家馬德里、尤文圖斯、拜仁慕尼黑、曼聯、利物浦等等）。

　　在這一點上，現代人的做法與13世紀的歐洲人幾乎沒有什麼不同。以卡佩王朝末期的法國國王為例，聖路易在信件中署名「路易斯‧德‧普瓦西（Louis de Poissy）」難道不是為了展現自己與受洗的城市之間的連結嗎？這種對自身領土的依戀並不與他作為法國國王的身分相矛盾，反而使其地位更加鞏固。

文化熔爐

　　在 21 世紀之初，在舊大陸民主國家所奠基下的多元身分認同之間，似乎得以成功調和，也進一步促使彼此相互整合。在「歷史終結論」和歐洲後現代模式占據主導地位的背景下，這些不同身分認同圈必須相互交融、彼此支援：一個人可以同時是倫敦人、英國人、大不列顛人和歐洲人；也可以同時是加

泰隆尼亞人、西班牙人和歐洲人，這種多重認同甚至是世人所樂見的。然而今日的政治情勢，卻使得不同的身分認同難以共存。從政治角度來看，這些原本重疊的身分，如今可能反而給人一種相互排斥的印象：同時作為倫敦人、英國人和歐洲人，或者同時作為加泰隆尼亞人和西班牙人，在今天似乎不像在世紀之交時那樣自然而然。當代民族國家必須面對自身內部相互競爭的向心力與離心力，而今天的政治場域中，民主架構組成部分之間往往存在對立：行政和司法、議會和政府、非政府組織和政府、黨派利益和國家利益、城市和鄉村、老年人和年輕人、富人和窮人。在波蘭和匈牙利，司法部門是否應該帶有政治色彩，或者應該更貼合大眾需求，至今未有定論。

在英國，脫歐派和留歐派除了各據山頭、自說自話之外，對於政局幾乎無能為力；大西洋彼岸，面對川普（Trump）競選活動的民主黨和共和黨也是如此。這種分裂如此顯著，以至於當我們試圖就脫歐進行辯論時，似乎看到了存在於同一個「民族」之內的兩個不同「國家」。以形象化的方式來說，我們可以看到數以百萬計的獨白在某些關鍵問題上有所重疊，但要以此出發建立長期的全國性共識卻不樂觀。

> 21世紀之初，在舊大陸民主國家所奠基的多元身分認同之間，似乎得以成功調和。

在根本問題上有所分歧？

因此，政治辯論的風向演變與其說是改變政治的因素，不如說是一項徵兆，讓我們看到政治的本質朝向急功近利、單邊主義、道德化、個人主義，並伴隨著更深層身分認同的緊繃局勢。某些英國報紙在倫敦最高法院介入脫歐辯論——即要求議會在啟動脫歐談判之前進行協商時，毫不猶豫地將作出決定的法官描述為「人民的敵人」，並將其「排除」在國族群體之外。其間幾個陣營彼此對峙，相互將對方踢出國族認同，並且不得不訴諸叫囂謾罵，才能在多次全國性辯論中勉強聽到雙方的意見。

焦點

　　歐洲無法逃避歷史。學者亞歷山大‧溫特（Alexander Wendt）提醒我們：「希臘人稱波斯人為『野蠻人』；十字軍將土耳其人視為『異教徒』。中世紀的歐洲人畏懼萊格尼察（Legnica）落入蒙古人手中，認為這正是聖經中所預示的末日之戰。後來，歐洲人像對待蠻族一樣對待美洲人民；而保守派認為，法國大革命會威脅到人類文明──這些現象的本質，都是將『他者』描述為對己方存在的摧毀或控制。」如今，多元化和對歐洲人民的保護已載入2000年通過的《歐洲聯盟基本權利憲章》，該憲章的宗旨反對歧視，並且尊重文化、語言和宗教多樣性的權利。這項措施也可能進一步為人們帶來經濟保障，例如「原產地名稱保護」制度或法國提倡的「文化例外」概念。

要點

　　今天的政治場域中，民主架構的組成部分之間往往存在對立：行政和司法、議會和政府、非政府組織和政府、黨派利益和國家利益、城市和鄉村、老年人和年輕人、富人和窮人。這種情況顯示，歐洲民主國家之間不同認同圈層的調和，如今變得更加難以維繫。時至今日，同時身為倫敦人、英國人、歐洲人，或者同時身為加泰隆尼亞人和西班牙人，無疑不像在世紀之初時那樣自然而然。

歐洲人對歐洲有所認同，但不如認同其所屬的地區或國家那樣強烈

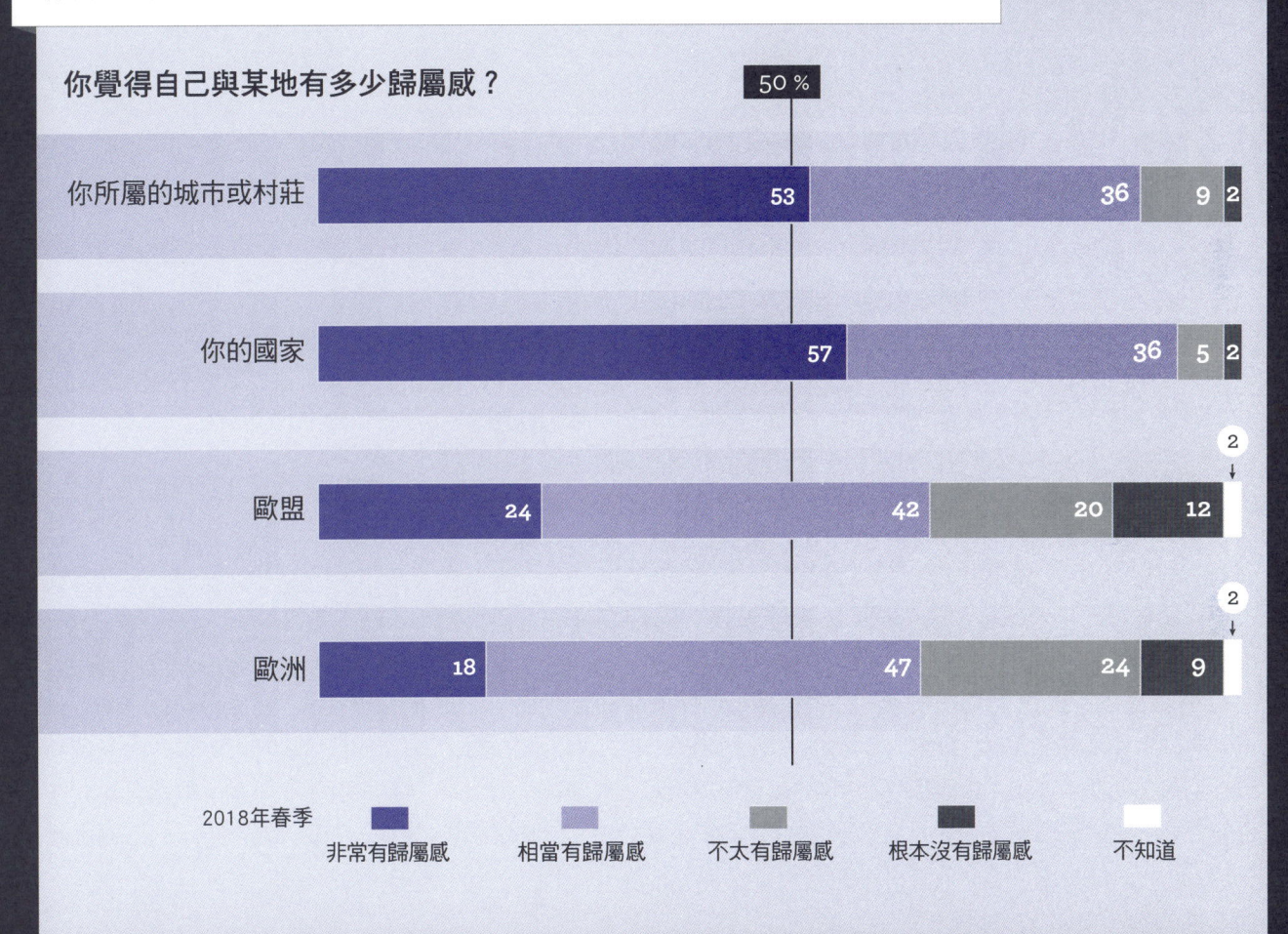

你覺得自己與某地有多少歸屬感？

50%

地點	非常有歸屬感	相當有歸屬感	不太有歸屬感	根本沒有歸屬感	不知道
你所屬的城市或村莊	53	36	9	2	
你的國家	57	36	5	2	
歐盟	24	42	20	12	2
歐洲	18	47	24	9	2

2018年春季

非常有歸屬感　相當有歸屬感　不太有歸屬感　根本沒有歸屬感　不知道

5 歐洲人民的身分認同？

歐洲社會中存在著多種彼此交錯的利益關係。不同的現代民主國家在施政重點、原則和價值觀方面有其差異，但奠基於願意共同生活、能促進集體對話的共同前提之下，這些差異反而構成了民主政治模式的豐富性。

對一個偉大的現代民主國家而言，其結構中利益團體之間的爭辯正是民主的基石。民主政體所隱含的社會契約，就是所有人都具備有與他人共存的能力，並因此願意接受社會生活所必需的妥協，如果這份默認的契約消失時，就會出現危險。用羅馬詩人奧維德（Ovid）的話來說：「當濕氣和溫度結合時，就產生了生命，萬物都來自這兩種元素的結合……而元素間懷抱著善意的不和，則有利於世代繁衍。」西元一世紀的詩人用「懷抱著善意的不和」所隱喻的，或許正是當今人類社會的民主實踐中，所缺乏的特質。

「懷抱著善意的不和」

今天的歐洲和世界上大多數自由民主國家中，確實存在著分裂的現象。如支持川普的選民在心態上似乎更接近英國脫歐捍衛者所處的世界，而非美國總統拜登的反對者，而後者則比較類似英國脫歐的激烈批評者。然而，歐盟是建立在雙重民主努力之上——一方面承認

在地的身分認同，另一方面則透過遷徙自由和歐洲法律提供的保障，將在地認同融入「超國家政治空間（Supranational Political Space）」[8] 中，並承認「歐洲公民」的身分。對在地特殊性的認同，與其說是區域主義或特殊主義的要求，不如說是歐洲範圍內存在能夠彼此互補的認同網絡，並最終建立起一個與共同集體利益相符的公共空間。

因此，歐盟可以既廣泛又在地，在當地社群有需要的時候，把自己轉變為一種經濟資源、文化象徵或政治資源，博得在地認同。歐盟的「區域委員會（European Committee of the Regions）」便是這個政治認同空間制度化的代表。然而在現實層面上，歐盟並沒有能力應對區域性事件，例如 2017 年加泰隆尼亞獨立公投期間出現的危機，引發了大量的警察暴力和某種程度的社會焦慮。2019 年，兩名支持獨立的加泰隆尼亞人當選歐洲議會議員，但卻無法順利就職，因為他們沒有依照西班牙選舉法的要求，按照西班牙憲法進行宣誓。因此，即使歐盟政策承認歐洲超國家空間的多樣性和特殊性，但國家層面的政治需求仍然是政治的主要驅動力。

多元一體[9]？

與威權政體相比，民主國家的相對優勢不在於設法協調某些特定利益，而是以一種方式，讓各種利益相關者進行對話，使其得以共存，甚至將各方勢力結合起來，使它們能夠一加一大於二。如今歐洲內部分歧正在加劇，人們追求差異的願望似乎優先於尋找共同基礎。「菁英對抗人民」、「民族主義者對抗全球主義者」、「開放派對抗封閉派」、「進步人士對抗民粹主義者」等等，用這種方式動員起來的反對勢力規模龐大、思想二元對立，且帶有濃重的政治色彩。這種對抗衝突使民主辯論變得詭譎而脆弱。

這種分裂既是全球政治兩極化出現的原因，也同時是其結果，體現了為貿易戰或中程核武等外部問題找到多邊解決方案的難度。這也反映了在歐洲內部層級，各個國家就債務或移民危機等議題達成一致的困難性。

> 「懷抱著善意的不和」是人類社會得以達成民主的基礎。

焦點

　　2008 年，歐盟將「跨文化對話」概念定義為一個「開放且尊重地交換意見的過程」，以便「促進政治、社會、文化和經濟一體化」。「多元一體」的座右銘意味著，歐洲人可以透過歐盟團結起來，達成和平與繁榮，歐洲眾多不同的文化、傳統和語言則是構成這片大陸的寶貴資產。事實上，這句格言雖然存在於歐盟憲法條目中，卻沒有出現在 2007 年的《里斯本條約》中。

---

[8] 指超越單一主權國家的政治權力運作，通常由多個國家共同讓渡部分主權，建立一個高於國家之上的組織或決策機制。即使在未獲得所有成員國同意的情況下，仍可產生具有約束力的決策。歐盟便是其典型例子。
[9] 拉丁文為 In varietate concordia，是歐盟的官方格言。
[10] 最早由美國前國務卿亨利．季辛吉（Henry Kissinger）提出，指在敏感且爭議難解的議題上，使用模稜兩可、含糊不清的語言或措辭，以便讓談判雙方都能接受，從而促成協議的達成。

GÉOPOLITIQUE DE L'EUROPE

要點

　　歐洲人民的整合過程，在根本上，與其古老、根深蒂固、甚至已被視為理所當然的國家認同建構相互衝突。歐盟提倡「建設性模糊[10]（Constructive Ambiguity）」，以及在政治、語法和法律上的靈活性，以展現社群機構尊重甚至保護在地特殊性的意願，同時也將在地元素納入更全面、規模更大的計畫。

歐洲各國最常使用的外語

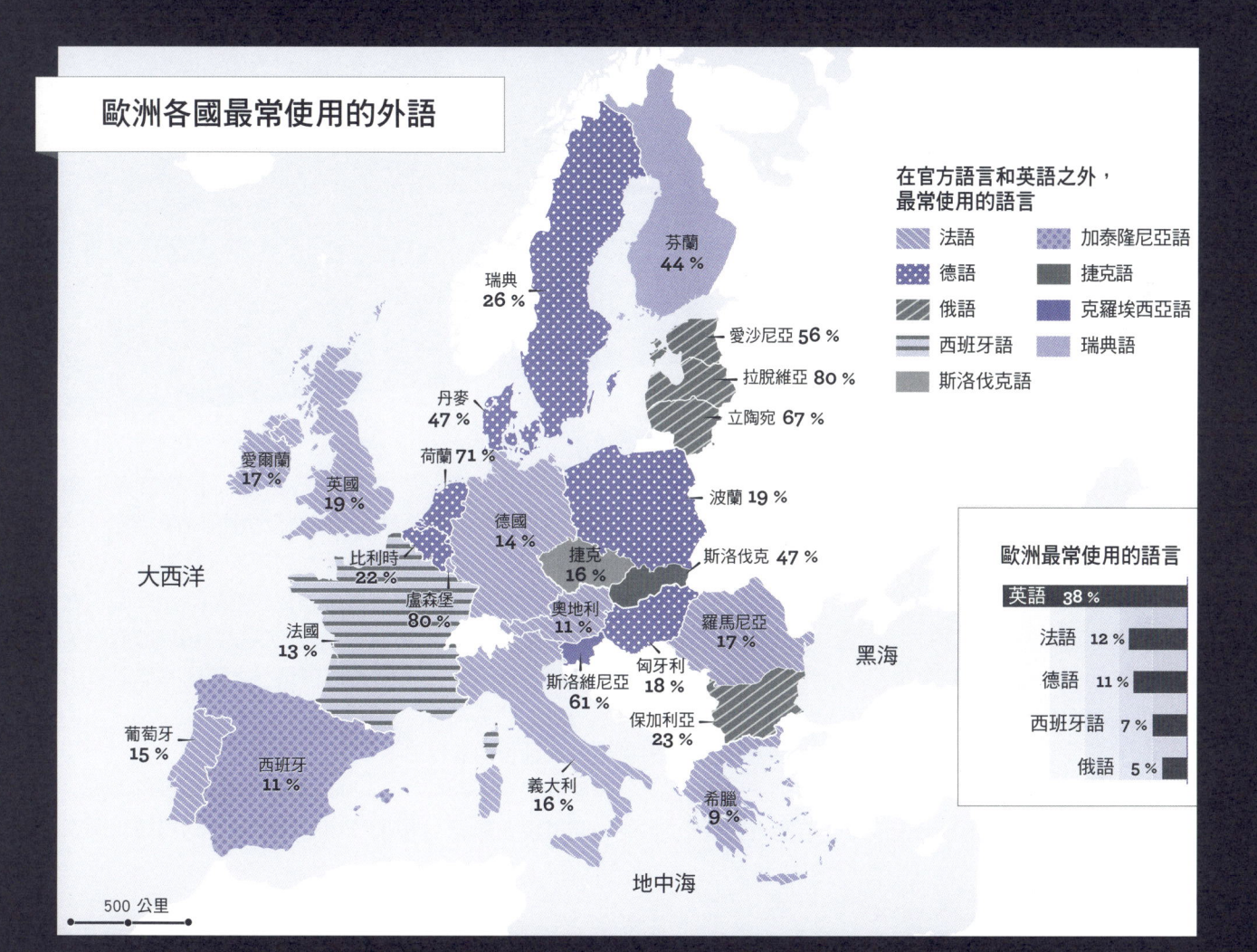

在官方語言和英語之外，最常使用的語言：法語、德語、俄語、西班牙語、斯洛伐克語、加泰隆尼亞語、捷克語、克羅埃西亞語、瑞典語

- 芬蘭 44 %
- 瑞典 26 %
- 愛沙尼亞 56 %
- 拉脫維亞 80 %
- 立陶宛 67 %
- 丹麥 47 %
- 荷蘭 71 %
- 愛爾蘭 17 %
- 英國 19 %
- 波蘭 19 %
- 德國 14 %
- 捷克 16 %
- 斯洛伐克 47 %
- 比利時 22 %
- 盧森堡 80 %
- 奧地利 11 %
- 羅馬尼亞 17 %
- 法國 13 %
- 斯洛維尼亞 61 %
- 匈牙利 18 %
- 保加利亞 23 %
- 葡萄牙 15 %
- 西班牙 11 %
- 義大利 16 %
- 希臘 9 %

大西洋　黑海　地中海

500 公里

歐洲最常使用的語言

語言	比例
英語	38 %
法語	12 %
德語	11 %
西班牙語	7 %
俄語	5 %

6
民主的身分認同？

早在 1957 年，歐盟執委會（European Commission）檔案中的一份文件就指出，「如果無法符合真實的民意潮流，任何政策都將是不可行的……更重要的是，輿論的形成是我們的責任。在創造了一個歐洲之後，現在我們需要歐洲人。」然而從 1980 年代開始，歐洲就出現了「民主赤字[11]（Democratic Deficit）」的批評，且歐洲同時面臨在超國家和次國家層面上，對政治權力不信任的公民所帶來的雙重衝擊。正如戈巴契夫在 2010 年所發出的譴責，各國社會均認為「民主進程正在失去動力；且不只一個領域中的情況正在退步。國家重大決策均由行政部門主導，而議會只是在形式上給予政府授權，法院的獨立性也受到質疑。……人們越來越能察覺，政府害怕公民社會並想控制一切。我們曾經歷過民主，我們已經做到了民主！難道現在想開倒車嗎？」

歐洲政治建立在「公民」和「國家」兩種合法性並存的基礎上，因此必須面對兩者彼此競爭，以掌握公眾輿論代表性的政治問題。歐洲政策也因此常在「超國家邏輯」和「政府邏輯」之間搖擺不定。

猜疑式民主

2008 年的經濟和金融危機後，歐盟理事會將許多權力歸還給國家

元首，以回應其公民對短期內政策成果的期望。這段時期歐盟執委會權力的喪失，對應的是歐洲共同體權力的喪失。歐盟當時也採取了措施，加強歐盟執委會的民主合法性：自1999年以來，歐盟強制其成員國的政治必須有效地透明化（《歐洲聯盟條約》第十六條第八款）；與此同時，《里斯本條約》也拓展了各國議會對決策過程的控制權。

在歐洲選舉期間，歐洲層級的政黨組織與國家層級的政黨之間，也出現了類似的緊張關係，而後者競選活動的主軸往往是國內主要議題。因此歐盟就其結構而言，有成為各成員國政治危機容器的趨勢。

然而在歐盟政治架構中，中介機構（協會、政黨、民眾運動、歐洲媒體和電視）的代表性持續不足，並且缺乏真正屬於歐洲的議事空間——美國大選比德國大選更能引起法國的興趣，這不是很矛盾嗎？此外，歐洲議會並未體現出學者迪迪埃．格林（Didier Grimm）和奧利維爾．博德（Olivier Beaud）所稱「輿論形成和利益訴求的長期運動」，這使得人們越發認為，歐洲議會議員與歐洲公民之間存在脫節。

中介者的身分認同

歐盟內部匯集了不同的民主模式。舉例來說，德國和法國的民主制度對其國民議會的重視程度有所不同。歐洲模式因此在「共同的文化歷史」和「現代國家的多樣性」之間撕扯，前者孕育了一定程度的集體價值觀，例如法治國家，而後者則展現在民族歷史和政治傳統中。

哲學家皮埃爾．阿斯納（Pierre Hassner）將歐盟稱之為一種「中介者的身分認同」，它所產生的連結和認同感，注定比國家和地區的認同感要微弱。阿斯納認為，歐洲既是「全球化整體的一部分，又由保持獨立認同的民族國家組成。歐洲的特殊使命決定了它的身分認同，而反之亦然。這種身分認同致力於在全球化與地方性之間、在被外在文化稀釋與閉關自守之間，找到一條中間路線，以便在毫無節制的全球相互依存與狹隘孤立的鎖國政策的二者對立中，盡可能避免具有傷害性的對抗」。

> **如果無法符合真實的民意潮流，任何政策都將是不可行的。**

第一部　不斷被書寫的古老大陸　029

焦點

請不要忽略歐盟扮演的角色就像是一張白紙，成為人們投射各種國內失靈問題解釋的書寫載體，或是成為一個可供指責的空位，也可以將民眾及領導人的失敗歸咎其中，尤其是當全球化削弱了國家主權時，這招最好用。舉例來說，在英國的脫歐運動中，歐盟議題與移民問題就被英國議員奈吉爾·法拉奇（Nigel Farage）草率地攪和起來，並透過一場既誇張又有效的宣傳戰，成功操弄了輿論。這正是歐盟架構的本質，也是缺陷：它同時提供意外時的逃生之路和成為逃避政治責任的替死鬼。它讓人民和國家層級的政治人物有機會建構一個簡單的二元敘事框架，來對抗看起來混亂且複雜的全球化世界。

---

11 又稱「民主逆差」，指當表面上宣稱民主的組織或機構在實踐或運作中，未能實現民主原則時，此現象就稱為「民主赤字」。

要點

歐洲建立在多種合法性並存的基礎上：公民與國家、國家政黨與歐洲政黨、議會民主制與國家行政民主制。因此歐洲政策會不可避免地在「超國家邏輯」和「政府邏輯」之間搖擺。當這些特質能夠互補時，歐洲就得以順利運行；但當它們互斥時，歐洲就會陷入困境。

歐洲的民主化進程

1979
歐洲議會議員由直接普選產生。

1992
《馬斯垂克條約》確立了「歐洲公民權」。

1994
「區域委員會」成立。

1999
在歐盟理事會正式任命歐盟執委會之前，必須先經過歐洲議會的批准。

2000
頒布《基本權利憲章》。

2005
《歐洲聯盟憲法》（TECE）在法國和荷蘭的公投中遭到否決。

2009
歐盟各國簽訂《里斯本條約》。歐洲議會成為歐盟的共同立法機構。

2012
一百萬名歐盟公民連署即可以請求歐盟通過法案（歐洲公民倡議權）。

2014
歐洲選舉投票率創歷史新低，僅為42.5%。

7
政治上的身分認同？

　　歐洲在地理上的分裂和在歷史上的種種血案，是否使其在政治上變得過於多樣化，以至於無法提出一種統一的身分認同？這個問題，即使在國家層級的政治舞台上，也不斷在當今各國的政治辯論中重複出現。

　　對此，歐洲社會以兩種方式做出回應。其一是鑑於歐洲整合經驗的失敗以及在面對全球化的不確定性下，主張回歸原先的國家邊界。其二則是主張「跳級式」的歐洲化，即進一步讓出更多國家主權，以在全球舞台上發揮更大影響力，因為「團結就是力量」。

這是個「反應」的歐洲⋯⋯

　　然而，第一種解決方案往往忽略國家主權的限制。主權必須在一個以經濟、能源和商業交換為基礎的世界中，才得以實踐和行使。這讓人民得以選出那些宣稱能保護他們、免於面對全球化影響的領導人——那些承諾要拯救人民免於失去地位、掌控力與希望的未來領導人，往往配合強硬軍事言論與短期解方上台。

　　在因全球化變得無序、人民失去掌控感之際，加上對政治菁英與體制無能的失望——認為他們無力保護公民、甚至不願做出必要決策——使得人們傾向支持那些誓言要打破官僚與技術官僚[12]

（Technocracy）現狀的領導人。

這種類型的領導人會提出破壞性或民粹式的言論，並承諾要「掀桌重來」或挑戰既有規則，因為這個世界似乎更受到無名經濟流動的驅使，而非由政治決策所控制。因此這股「推翻現狀」的浪潮，成為義大利五星運動、英國的鮑里斯・強森（Boris Johnson）、美國的川普以及法國的馬克宏選舉的重要力量。

這種不確定性、波動性和失控的印象，引起了強烈的公眾反應。人們認為政治領袖一直疏於管理日益增強的全球化相互依存現象，這導致許多歐洲人民對其集體命運渴望擁有發言權，或者至少不願意放棄能夠擁有發言權的幻想，無論其背後的經濟代價是什麼。

這些民眾的舉措有時被視為民粹主義的表現，有時又被解釋為支持人民自決、從無法控制的力量手中奪回人民未來的政治努力。在最明顯的歐洲政治博弈中，這種新的反動浪潮引發了波蘭、奧地利、匈牙利和義大利等權威主義色彩領導人的崛起。總體而言，這增加了歐盟達成一致決定的難度。此時此刻，歐洲無論內部還是外部而言，都面臨著從土耳其的艾爾段（Erdoğan）到俄羅斯的普丁（Putin）和義大利的薩爾維尼（Salvini）等「強人」領導人的崛起。面對一個日益不可預測的世界，選民擔心在失去對自己未來的控制權，而這種類型的領導人擅於回應選民的擔憂。

……還是個「反動」的歐洲？

而第二個解決方案則忽略了問題的核心：那些呼籲對歐洲讓出更多控制權的民眾和國家，認為歐洲方案在實踐上必須切合他們關切的方向、優先事項和自身利益。無論是哪一種解決方案，都罔顧了真正能夠解決問題的條件。

2014年，時任歐盟執委會主席尚克勞德・榮克（Jean-Claude Juncker）將他的五年任期描述為拯救歐洲的「最後機會」。然而在他此番發言的兩年之後，英國公民投票決定離開歐盟。部分歐洲民眾首次表明，歐盟的政治一體化是可逆的——美國總統川普公開宣稱這是一項「偉大的舉措」。但上述對這個問題的兩種答案，卻都沒有觸碰到問題的本質。歷史的後見之明顯示，歐洲一直以來都是多元的。至於民主國家，用瓦勒里的話來說，這種知識、地理和精神上的多樣性，使得舊大陸「在永恆的焦慮和探求之中」依舊絢爛多彩。

焦點

　　政治離心力雖強，但也被另一股向心力所抵消，這反而加強了歐洲的團結。二十七個歐洲成員國在英國脫歐談判中，自始至終保持團結——這某種程度上，也許是由於在其他議題上（移民危機、經濟改革，以及其背後隱含的威脅）的凝聚力薄弱——使歐盟能對一個內部分裂的英國提出要求。「歐洲多頭馬車」[13]（Europe à plusieurs vitesses）的現象雖被視為一種可能突破一致性僵局的方案，但同時也有加劇歐洲內部分歧的風險。從長遠來看，它可能會助長與共同體以外國家的相互競爭、彼此排斥或造成社會傾銷[14]（Social Dumping），並增加共同體制度中法律的複雜性，進一步使人們對權利的統一性以及行政和立法的分權模式產生疑問。

---

[12] 一種由具備專業技術能力的官僚或專家團隊管理政府或組織運作的管理體制，推動理性化和效率化的決策。
[13] 一種描述歐盟內部不同成員國在整合程度和發展速度上存在差異的比喻，如同多匹馬共同拉著一輛馬車，但各自拉往不同方向，力量相互抵消，導致整體難以前進或協調一致。
[14] 指工業生產時，資本家會尋求便宜的勞動力，因此低工業化國家的政府有動機降低本國勞動報酬，以吸引高工業化國家投入資金。

要點

　　歐洲目前面臨兩個同時興起的浪潮：首先是離心力，由於先前歐洲整合經驗的失敗，再加上全球化的不確定性，許多人主張回歸原本的國家邊界。其次是向心力，相當於主張「跳級式」的歐洲化，即讓出更多的國家主權，在全球舞台上發揮更大影響力，因為「團結就是力量」。但這兩種答案卻都沒有觸碰到問題的本質。

歐洲重要的主權戰場

2019年歐洲選舉中，極右派和歐洲懷疑論政黨得票率

- 超過25%
- 15%至25%
- 7%至14%
- 低於7%
- ㉙ 席次數量
- XX 極右或恐歐政黨占國內多數

各國席次數量：
- 芬蘭 2
- 愛沙尼亞 1
- 丹麥 1
- 英國 29
- 比利時 3
- 德國 11
- 波蘭 25
- 捷克 2
- 奧地利 3
- 匈牙利 13
- 法國 23
- 義大利 28

標示地區：瑞典、拉脫維亞、立陶宛、愛爾蘭、荷蘭、斯洛伐克、羅馬尼亞、克羅埃西亞、斯洛維尼亞、保加利亞、葡萄牙、西班牙、希臘、黑海、地中海

500公里

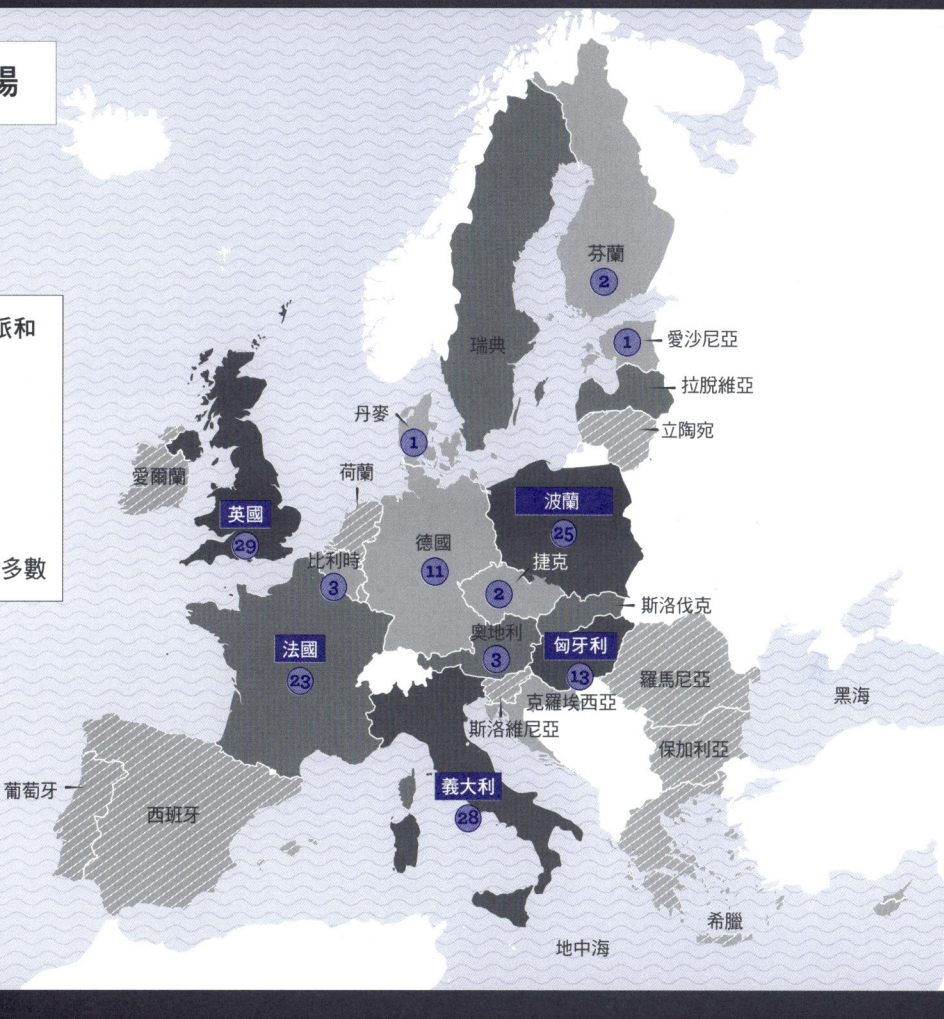

8
司法上的身分認同？

法律機制對政治權力關係的歷史演變具有制裁與鞏固的作用，它們將這些變化刻印在制度架構之中。這些機制在平穩時期可能會限制政治行動，從而引發公眾的不滿。

法國政治經濟學家尚・莫內（Jean Monnet）曾說過：「沒有人類，一切都不可能建立；沒有制度，一切都不可能持久。」舉例來說，歐盟單一市場的整合，賦予歐盟成員國集體抵抗美國貿易戰威脅的手段，並能抗衡中國試圖單方面談判有利於自身利益的協議。然而歐盟依據條約授權與合作夥伴商定的貿易協定，雖然合乎法律授權與原則，卻常被批評沒有反映出歐洲民眾的反對意見。

歐盟法律究竟是護欄……

然而，在局勢動盪時，這些法律上的團結反而顯得格外有用，而這正是因為它們不受各國政治分歧的影響，從而能夠保證歐盟的集體附加價值。以脫歐談判為例，歐洲大陸在這場協商中幾乎沒有出現破口。從談判開始到結束，二十七個歐盟成員國始終團結一致，使得

歐盟能夠迫使相對弱勢的英國屈從歐盟所訂定的時間表、談判紅線和其他要求。

在英國脫歐談判中，從愛爾蘭問題、財務章程、歐盟公民的地位到未來的貿易關係，二十七個成員國始終支持歐盟執委會的首席談判代表米歇爾・巴尼耶（Michel Barnier）所下的決定。2016年6月23日，脫歐公投，使英國陷入政治癱瘓危機，也使得歐盟各國看清楚了單一市場法律條款對歐洲公民潛在但顯著的優勢，以及取消這項措施會帶來的風險。

事實上，正是法律上的團結支持著歐盟的單一市場，使歐盟能夠向一個內部政治分裂、且沒有成文憲法的英國提出要求。這種凝聚力奠基於法律以及根據法律所衍生出的機構之上。法律遠比幾年一換的政府和暫時的政治情緒更加持久，但其本質卻沒有那麼民主。

⋯⋯還是官僚主義迷宮？

然而，這些看似有利的法律機制，也往往容易伴隨一種技術官僚、自我封閉的程序主義。隨著時間的推移，作為條約守護者的歐盟官僚體系往往會閉門造車，忘記了其合法性最初的來源是歐洲人民。這樣的官僚主義也鼓勵了歐盟機構採取當代的唯名論[15]（Nominalism）——歐盟機構過度利用工具、程序和文件，來應對那

> **歐洲司法的架構容易伴隨著自我中心式的技術官僚主義和程序主義。**

些真實存在的政治和地緣政治挑戰。

歐洲共同體運行所依賴的各種機構，是一套獨立於各國、也未經選舉產生的機構，其任務是確保各方遵守規則。例如，歐盟執委員會和歐盟法院（European Court of Justice）兩者都是根據條約所設立，以保障歐洲共同體利益；這兩個機構不僅是歐盟各項條約的守護者，也是歐洲這個頂級全球市場的守門員。

然而，世界並不僅由官方聲明和法律工具所驅動，背後還有各種實際存在的政治力量。歐盟的官方言辭與其實際執行效力之間的差距，解釋了為何歐洲人民眼中的歐盟長期以來信譽不足。

焦點

　　歐盟之所以能發展成一個超國家的政治實體，不僅是依靠法律條約，還得益於法理學和監管規範，使其權力得以擴展。雖然歐盟法律的優先性並未在條約中明確規定，但卻能在歐盟法院的判例中找到先例（Costa v ENEL，1964 年）。歐盟法律的優先性（或至高性）原則，保證了歐盟法律不能被各成員國的國內法廢除或修改，並在發生衝突時優先於成員國的國內法。除了條約之外，歐盟法律的權力還體現在條約之間的引述和管轄權轉移、司法判決、法理學說、學術理論和歐洲共同體內部的政治辯論上，上述元素共同賦予了歐洲共同體法律意義和生命。

要點

　　歐洲共同體在法律上的團結，由於不受政治分歧的影響，因此能確保其集體附加值。然而在平穩時期，這些法律機制也有可能束縛政治行動，從而助長歐洲人民對歐盟的反感，將其視為一個不近人情且對政治變動不敏感的政治機器。

---

[15] 一種哲學流派，有一派人認為事物的共相一旦被建立之後，就是存在的，因此容易忽略現實中的實存事物。

《里斯本條約》是一項成就嗎?

一位穩定的歐盟理事會主席,在國際舞台上代表歐盟
由27個成員國領導人選舉產生,任期2.5年,可連任一次。

一位歐盟外交政策與安全高級代表
權力強化,同時也擔任歐盟執委會的副主席。

歐盟執委會
每個成員國可指派委員,其任期為5年。

議會權力提升
歐洲議會
由歐盟公民直接選舉產生。
加強在立法、預算和國際協定領域的角色。

各成員國議會
就歐洲立法提案進行諮詢。

決策程序簡化
有限否決權
提高多數決的門檻,特別在於司法合作和警察合作方面。
在外交政策、稅收、社會政策上,則要求**全體一致**通過。

投票規則
投票規則在通過法案時,至少要有55%的成員國投贊成票,且這些國家的人口總數至少占歐盟總人口的65%。

新權利
《基本權利憲章》
變得更有約束力,但波蘭例外。

新共同政策
政策涵蓋能源、全球暖化、公共服務、公平競爭、公共衛生等領域。

退出條款
允許成員國在其夥伴談判後,可以退出歐盟。

9 價值觀上的身分認同？

歐洲共同體計畫，建立於1951年4月成立的「歐洲煤鋼共同體」的基礎之上。但這種整合的目的從一開始就是具有道德性的。1950年5月9日《舒曼宣言》的宗旨：「歐洲各國之間的和平」，至今仍是歐洲共同體的基礎。而歐洲價值觀體系隨著時間推移而不斷延展擴充。

然而促進人權、民主和法治等推動，最初根基卻是在歐洲共同體的框架外。1953年，《保護人權與基本自由公約》生效，並由歐洲人權法院授意各國必須遵守這項規定。這些價值觀在經過擴充和現代化後，將逐漸在歐盟之內制度化。《里斯本條約》第二條將歐洲價值定義為「尊重人的尊嚴、自由、民主、平等、法治國家、人權，包括少數群體的權利。我們的社會提倡文化多元、寬容、正義、團結和性別平等，並且反對歧視，這些價值觀為歐盟會員國所共有」。

公民價值的虛擬綱領？

1992年通過的《馬斯垂克條約》，為以下四項要素建立起自由流動的單一市場：商品、服務、資本和人員。但與此同時，它也引入了對人權和基本自由、民主和法治國家的尊重，並最終確立了歐洲公民的基調。

五年後通過的《阿姆斯特丹

條約》（1997年）將「尊重人權」和「法治國家」作為候選國加入歐盟的條件（《歐洲聯盟條約》第六條第一款）。《阿姆斯特丹條約》為歐盟提供了執行其價值觀的手段，規定了在成員國若「嚴重且持續地侵犯」歐洲基本價值，歐盟將啟動程序，暫停其「因適用歐盟條約而獲得的某些權利」。同時，三個歐盟機構在尼斯歐盟理事會期間，宣布通過《基本權利憲章》，並隨後於2012年制定了一項前置程序，作為《歐洲聯盟條約》第七條的預防性機制。這項程序讓歐盟執委會可以與問題成員國進行對話，目的是在不動用第七條的情況下，避免成員國的行為對《歐洲聯盟條約》第二條所述核心價值觀構成系統性威脅，同時盡可能避免動用第七條的正式制裁程序。

真正的文化價值共同體？

歐洲價值觀共同體的一致性至今仍然不算穩定。歐盟如今建立在由條約所規定的價值觀基礎上，但條約形式上的存在和實際應用之間，仍然存有差距。歐盟議員保羅‧馬涅特（Paul Magnette）在《歐盟政治體制》（*Le régime politique de l'Union européenne*）一書中強調：「各國與歐洲的關係各不相同：某些國家將歐洲視為脫胎換骨的象徵，藉此否定過去令人憎惡的歷史；另一些國家則認為歐洲的存在造成珍貴傳統文化的衰落，或者將歐洲視為威脅國家發展的霸權勢力重新崛起。」他進一步表示：「更深入的定性研究……顯示，這種身分認同的公民性大於文化性：當人們談論歐洲時，他們談論的是歐盟、機構、權利及政策，而不是一個歷史實體或一個價值觀和文化傳統的共同體。」

而這既是問題的核心，也是解決方案：我們必須將歐洲視為一個不斷變化的妥協方案，而其核心存在一個真正的文化價值共同體，如此一來，才能夠將其公民價值的虛擬綱領在現實中實踐。

> **歐盟如今建立在由條約所規定的價值觀基礎上，但條約形式上的存在和實際應用之間，仍然存有差距。**

焦點

　　1999 年，奧地利的基督教民主黨和極右翼勢力試圖組織聯合政府，此舉引起了歐盟首次對此作出反應，儘管歐盟對該計畫予以譴責，但卻徒勞無功。2012 年，歐盟執委會以奧班領導的匈牙利違反共同體法律為由，啟動了違權程序。歐盟此次施壓也以失敗告終。造成這種困境的癥結在於，歐盟對第三國是否尊重歐洲價值要求非常嚴格，然而相關國家一旦加入歐盟之後，歐盟卻缺乏足夠的監控能力與制裁意願。因此，直到 2017 年，歐盟才決定對波蘭啟動違權程序，以及歐洲議會才提出對匈牙利啟動《歐洲聯盟基本條約》第七條。

要點

　　歐洲價值觀共同體的一致性至今仍然不算穩定。歐盟如今建立在由條約所規定的價值觀基礎上，但條約形式上的存在和實際應用之間，仍然存有差距。歐盟議員馬涅特強調：「各國與歐洲的關係各不相同：某些國家將歐洲視為脫胎換骨的象徵，藉此否定過去令人憎惡的歷史；另一些國家則認為歐洲的存在造成珍貴傳統文化的衰落，或者將歐洲視為威脅其國家發展的霸權勢力重新崛起。」

以價值觀為基礎的歐洲

《舒曼宣言》：
「如果沒有與威脅世界和平的危險相等的創造性努力，世界和平就無法維護。」

「Van Gend & Loos」和「Costa v ENEL」判例：
確立了歐洲共同體法律優先於各國國內法。

《阿姆斯特丹條約》：
確立了民主、人權、基本自由和法治國家為成員國的共同遵守的原則，若有違反歐洲原則的情形，可暫停該國的權利（《歐洲聯盟條約》第七條）。

尼斯歐盟理事會議：
宣布《基本權利憲章》。

因匈牙利違反法治原則相關條約，啟動《歐洲聯盟基本條約》第七條程序。

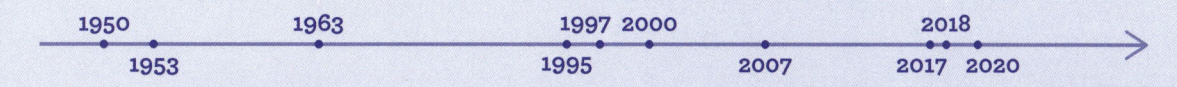

1950 — 1953 — 1963 — 1995 — 1997 — 2000 — 2007 — 2017 — 2018 — 2020

《保護人權與基本自由公約》生效
歐洲人權法院隨後於1959年成立。

哥本哈根標準：
加入歐盟以必須尊重人權和實行法治為前提。

《里斯本條約》納入《基本權利憲章》：
由歐洲共同體的下屬機構負責維護條約內容。

因波蘭違反法治原則相關條約，啟動《歐洲聯盟基本條約》第七條程序。

以尊重法治原則為出發點，達成歐洲復甦計劃的協議，但並未得到波蘭和匈牙利的同意。

10
所以歐洲到底是什麼？

17世紀，哲學家巴魯赫·斯賓諾莎（Baruch Spinoza）在試圖捕捉「一個民族的靈魂」時，提出了「天性」（ingenium）的概念。「天性」是由不可抑止的熱情和實際經驗環環相扣而成，既構成個體本身，也構成他所屬的民族。簡而言之，就是對本質事物的共識。

斯賓諾莎生活在一個震盪的世紀：歐洲正在經歷民族國家的形成，而宗教分歧又使國家處於水深火熱之中，他自己也深受其害。也許，構成當今歐洲的不同身分認同圈層，正是他所定義的這種對「本質事物的共識」的表現。

不斷被書寫的身分認同

歐洲的認同其實是一種重複書寫：一個隨著時間而流轉演變的過程，並在不同層次的空間中體現出來：在地、區域、各國和歐洲。這個過程不斷透過儀式、符號、圖像、敘事和外在信號表現出來。

就像斯賓諾莎筆下的「中國的辮子」或「希伯來人的儀式」一樣，今天的歐洲認同也圍繞著某些有形的符號而聚集。這些符號可以是單一貨幣、伊拉斯謨計畫、1985年正式確立的歐盟旗幟、歐洲之歌、歐盟格言、每年5月9日的歐洲日，甚至是歐鐵火車通行票（Interrail）和贊助歐洲青年遊歐的「DiscoverEU」專案。歐洲一體化敘事，以這些特定的歷史節點（如條約簽訂和紀念活動）、人物（如創始先賢）、歐洲公共空間、

核心價值和共同記憶為核心，然而，這仍與歐洲各民族國家緩慢成熟的社會歷史發展、以及其中涵蓋的不同民族認同建構相互競爭。這種對歐洲靈魂的根本關係性詮釋，著重於歐洲靈魂的相互滲透，因此避免了兩種誤區：一方面來說，它既不把歐洲僅視為民族國家的簡單集合，也不把民族國家視為個人靈魂的簡單集合；另一方面，它既不認為民族是個人之間不冷不熱、難以施力的妥協結果，也不認為歐洲共同體的計畫是各民族國家之間，基於「公平回報」原則找出的最大公因數。

斯賓諾莎的這項詮釋背後有一種動能，一種氣息，以及一種無可名狀、由歐洲人所共享的流動感受；這項詮釋充分利用了歐洲人無限豐富的感性，但同時又超越了其各部分的總和。瓦勒里筆下的歐洲是「一間證券交易所，各形各色的學說、思想、發現、教條都在此蓬勃發展，上市、上漲、下跌，遭受最無情的批評和最盲目的迷戀」。

「對微小差異的自戀」

想要驗證這一點，我們只需要進行一項簡單的實驗：掃視一下地平線，看看在華盛頓、北京或新德里，人們是如何生活體驗事物？只需往外瞄一眼，往往就能凸顯歐洲模式的特殊性。環顧四周，我們可以發現歐洲模式對自身經濟、社會、文化和戰略特徵的深遠影響。

的確，若從外部進行觀察，歐洲認同的輪廓會顯得更加清晰。而歐洲人「對微小差異的自戀[16]

若從外部進行觀察，歐洲認同的輪廓就會顯得更加清晰。

（Narcissism of Small Differences）」——由佛洛伊德在歐洲即將陷入第一次世界大戰時期所提出的概念——就能夠消弭無蹤了。

然而，對這些微小差異重要性的感知，會隨著人民及民意代表對歐洲整合趨同或分歧的重視程度而改變。政治階層本質上不願意強調趨同，因為這種趨同在短期內難以動員群眾。歐洲人民透過選票，選出了他們應得的領導人，無論好壞。然而歐洲是否注定只能將各種僵固、內向、反應性的文化差異，拼湊出一鍋大雜燴？倘若歐洲人民與政治人物無法培養出「懷抱著善意的不和」，情況就只會如此下去；倘若我們無法從生態和政治的觀點，認知到「歐洲」此一概念所帶來的集體旅程、所分享的共同歷史和所來自的共同世界，就只能繼續裹足不前。

焦點

政治學家克里斯蒂安·勒昆（Christian Lequesne）在一篇題為〈歐洲刻板印象〉（L'Europe des stéréotypes）的文章中指出，歐洲認同的建構還沒達到能夠消除民族間刻板印象的程度，這些刻板印象仍然根植於精神文化結構中。這種「『過度簡化的概述』很少是脫離社會現實而建構的；這些現象提醒我們，要著重觀察歐洲各國不同的社交模式……在與外在事物接觸時，禮貌的文化形式至關重要；若沒有尊重禮貌的文化形式，很可能就會激發出負面觀感，並使人立即聯想到民族的刻板印象。

這使我想起一位在德國工作的法國文化顧問，他一貫遲到的作風，加深了德國同事們認為法國人傲慢的刻板印象。一般而言，生活在歐洲的眾人心裡都存在這些刻板印象，而歐洲認同的建構，至少能夠防止刻板印象升級成好戰挑釁的言論。」

---

[16] 又稱「對小區別的自戀」，指佛洛伊德提出的心理學現象，用以描述個體或群體，儘管在本質上非常相似，卻會因為極其微小的差異而產生敵意、競爭或歧視。

要點

若從外部進行觀察，歐洲認同的輪廓就會顯得更加清晰。想要驗證這一點，我們只需要進行一項簡單的實驗：掃視一下地平線。看看在華盛頓、北京或新德里，人們是如何生活體驗事物？只需往外瞄一眼，往往就能凸顯歐洲模式的特殊性。環顧四周，我們可以發現歐洲模式對自身經濟、社會、文化和戰略特徵的深遠影響。

歐洲的象徵符號

歐盟旗幟
1985年正式頒布

歐洲之歌
〈歡樂頌〉
於1985年通過

歐盟格言
「多元一體」

歐洲日
每年5月9日

歐洲文化之都
自1985年起，每年選出兩個城市

公民權
包括在市政選舉和歐洲議會選舉中的投票權和參選權、自由遷徙權、請願權、領事保護權

歐洲鐵路通行證和DiscoverEU專案
2018年幫助15,000名18歲的歐洲年輕人在歐洲內旅行。

歐洲文化遺產認證
自2013年起；遍布歐洲38座城市

伊拉斯謨計畫
於1987年創立，2014年決議延續

統一貨幣
2002年

第二部

歐盟的功能是什麼?

11
誰來捍衛歐洲的利益？

　　歐盟是一個獨特的超國家政治機構，成員國將部分主權委託給歐盟，其運行既仰賴這些成員國之意願，也仰賴於某些純粹的超國家自治機構，而這些機構以其共同利益為原則，最終目的是維護自身的存在。這些勢力背後所堆疊的，是一系列複雜的機構特權、責任分工和決策過程，其任務十分艱鉅：一方面必須創造共同利益和一致的共同體政策，同時又必須闡明且照顧到各國的利益。

　　正如經濟學家艾洛瓦·洛宏（Éloi Laurent）所說：「歐洲的普遍利益既無所不在，又難以名狀。它無所不在，因為歐洲計畫存在的唯一理由，就是促進成員國之間和平且互利的合作，否則各國之間就會陷入自私的算計中，並展現出各自的侵略性。而它難以名狀，則是因為夾在三個機構和三種合法性之間左右為難，這三種合法性的源頭機構，都有正當權利從歐洲的利益中分一杯羹。」

　　歐盟決策機構設立的核心意義，就是為了解決這個問題。這些決策單位包括政府間機構（歐盟理事會和部長理事會（Council of the European Union）以及超國家機構（如歐盟執委會等）。歐洲議會所捍衛的雖然是歐洲共同體的利益，但大體上仍受歐盟各國之間的競爭關係和政治代表的情況所影響，因

此議會工作人員在很大程度上，仍然服膺於國內政治辯論中的黨派邏輯。

什麼是歐洲利益？

從法律角度來看，歐盟的主要立法源自於其條約：《歐洲聯盟條約》、根據《歐洲共同體條約》所制定的《歐洲聯盟運行條約》、建立了能源共同體的《歐洲原子能共同體條約》，以及具有法律約束力附於歐盟創始條約的《基本權利憲章》。而歐盟次級立法可以不具有法律約束力，例如意見和建議；但也可以是具有約束力的，例如指令、法規和決議。一般來說，這些規定直接適用於各成員國的法律體系，不過，各國通常不會直接套用歐盟指令，而必須由成員國轉化為國內法。

為了捍衛歐洲的集體利益，特別是在與國家主權有關的特權領域，歐盟有必要獲得法律和政治上的合法性。

《歐洲共同體條約》第二一三條指定歐盟執委會為歐洲整體利益的保障者。條約中特別載明，歐盟執委會在司法、經濟和政治上必須謹守「輔助性原則（Principle of Subsidiarity）」。

輔助性原則的理念

《里斯本條約》第五條規定，歐盟機構對成員國的干預，應滿足三項條件（也就是所謂的輔助性原則）：該領域不得屬於歐盟的專屬權限範圍；成員國無法單獨充分實現所擬定的行動目標；鑑於行動的規模或影響範圍，歐盟出手干預會有更好的效果。這項原則旨在創造「歐洲的附加價值」，而其所對應的是「比例原則（Principle of Proportionality）」：即歐盟必須僅在達成其目標所必要的範圍和方式內採取行動。輔助性原則已被法律明文納入《歐洲聯盟條約》因此可由歐盟法院進行司法審查，並且受到成員國的嚴格監督。輔助性原則的確立，其中的目的之一是避免歐洲產生「監管通膨[17]」。

除了歐盟執委會之外，歐盟法院和歐洲中央銀行也同樣以捍衛歐洲共同體的利益為其宗旨。它們代表的是一種超越單一國家利益的超國家利益。這些機構和法律的制定（例如《通用資料保護規則》（GDPR）等新指令），可以為近五億歐洲公民及其背後的龐大市場，提供相當大的提倡和保護力量。然而，這些獨立機構有時也可能違背某些成員國的意願（例如阿爾斯通〔Alstom〕和西門子合併遭否決[18]），並可能與歐洲部分輿論大流的政治傾向相牴觸。

焦點

歐盟有三種類型的權限：專屬權限；與成員國之間的共享權限（即成員國只能在歐盟尚未行使，或決定停止行使其權限的範圍之內，行使其此權限）；以及進行援助行動的支援權限。有限權力原則（《歐洲聯盟運行條約》第二條）有兩個面向：一方面，歐盟只能在創始條約明確規定的領域內採取行動，即由成員國自願轉移到歐盟的權限領域；另一方面，歐盟機構只能在創始條約規定的範圍內採取行動。歐洲一體化的多層次體系，使得政策的可見性和可追溯性變得非常複雜，歐盟合法性的增減也更加難以衡量。除了輔助性原則之外，歐盟法律中還有一些限制歐盟干預行動的原則。

要點

歐盟是一個非常獨特的超國家政治機構。其運行既仰賴將部分主權委託給它的成員國之意願，也仰賴於某些純粹的超國家自治機構。然而，歐洲一體化的多層次體系，使得政策的可見性和可追溯性變得非常複雜，也因此讓性歐盟合法性的增減也更加充滿不確定。

---

[17] 指監管權力日漸擴大，像通貨膨脹一樣悄無聲息地水漲船高。
[18] 為了與中國軌道產業競爭，阿爾斯通和西門子於 2017 年提議合併組建新公司，但合併案卻於 2019 年被歐盟執委會以過度壟斷的理由否決。

歐盟的權限範圍及干預程度

專屬權限
由歐盟單獨立法。

- 關稅同盟
- 競爭政策
- 貨幣政策（歐元）
- 海洋資源
- 商業政策

共享權限
成員國可以在歐盟尚未行使權限的範圍內行使其權限。

- 國內市場
- 社會政策
- 經濟與區域凝聚力
- 農業和漁業
- 環境
- 運輸
- 能源
- 歐洲交通網絡
- 自由、安全與司法領域
- 公共衛生
- 消費者保護
- 研究、技術研發、太空發展
- 發展合作和人道援助

支援權限
成員國完全有能力執行，但歐盟可以採取支援或協調行動的領域（不包括歐洲法律和項目）。

- 保護人體健康
- 產業政策
- 文化
- 旅遊業
- 教育、職業訓練、青年發展和體育活動
- 公民保護
- 行政合作

各成員國在歐盟內協調其經濟政策和就業政策。歐盟共同的外交和安全政策則有特定的制度。

12 歐盟在經濟上有何作用？

第二次世界大戰結束後，歐洲國家之間尋求建立持久的和平。他們首先希望透過經濟協議來實現此一目標，孟德斯鳩曾對商業貿易做出的精闢評論：「如果你覺得我們的風俗不像過去那樣粗糙殘暴，請不要感到驚訝。正如我們每日所見，商業貿易……能將過去野蠻的風俗拋光軟化。」

1952年，歐洲國家開始將兩項戰爭所需的重要軍事原物料——煤炭和鋼鐵——進行產能的集中管理。當時的目標是建立歐洲煤鋼共同體，因為針對這兩個產業建立單一市場，被視為是避免歐洲國家之間發生戰爭的最佳途徑。

1957年，《羅馬條約》以法國、盧森堡、比利時、西德、義大利和荷蘭之間的關稅同盟為基礎，建立了歐洲經濟共同體。關稅的取消使商品得以自由流動，同時也標誌了歐洲經濟融合的開端。

經濟融合

自貨幣同盟（Currency Union）成立以來，歐洲中央銀行就和歐盟執委會與歐盟法院一起，保障全世界最大市場的運作。歐盟執委會從監管共同體市場的角色開始，轉變為負責歐洲單一市場的協調者，以及條約實踐的保障者。

歐洲共同體機構對國家政策的權力，隨著歐洲市場的一體化而

顯著增強，這一進程在 1986 年簽署的《歐洲單一法案》中取得重大突破，該法案修訂了《羅馬條約》。《歐洲單一法案》的目標，是在 1993 年 1 月 1 日之前，重新啟動歐洲一體化並完成內部市場的創建。該法案也特別要求，對所有涉及歐盟內部市場的法律，須採用絕對多數制進行投票。

1992 年，《馬斯垂克條約》的簽訂創建了歐盟，並將其建立在商品、資本、人員和服務自由流動的基礎之上：這是歐洲單一市場所遵守的四項基本自由，至今仍然有效。

歐元於 2001 年創建，如今已是十九個歐洲國家共同使用的貨幣。用瓦勒里的話來說，今天的歐洲「就像市集一樣熱鬧，所有優質和珍貴的商品，都被帶往此處一較高下、品頭論足、交易買賣。」

邁向單一貨幣

在全球化的世界中，二十七個成員國的集體影響力，賦予歐盟一定的優勢。因此，如果歐洲人願意，我們有能力在面對美國、中國時，制定自己的行事準則；也能在面對亞馬遜、阿里巴巴、谷歌或臉書時，維護其公民所該擁有的權利。無論是法國總統還是德國總理，都無法單獨以同樣的方式發揮影響力。

然而這種集體運作模式有一項缺點：超國家權力特徵，並不一定能在地方或國家層面上被認可或接受。事實上，從經濟角度來看，歐洲人並不願意將歐洲視為一個產品標準化的巨大市場，他們希望保留自我的特色和適當的權限，例如文化例外或法國的原產地命名控制（AOC）政策[19]。

> **歐洲人有能力在全球化世界中，定義自己的行事準則。**

第二部　歐盟的功能是什麼？　055

焦點

　　如果歐洲國家決定要加速單一市場的發展，那麼在共同體計畫相對停滯的時期，歐盟機構的積極性就至關重要。歐洲共同體法院（歐盟法院前身）於 1979 年強制施行了歐洲產品相互承認的原則：如果一種商品或服務在某一成員國內得以合法地生產和銷售，那麼它必須能夠同樣自由地在其他歐洲共同市場成員國中生產和銷售。歐盟執委員會接著實施了統一各成員國標準和法規的政策，對於建立共同市場以及實踐各項條約而言，這是一項必要的舉措。這樣的法律背景、歐盟執委會所規劃的藍圖，以及私人利益主體在辯論中折衝樽俎的能力，多方因素影響了《歐洲單一法案》的實施和歐洲單一市場的整合。

---

[19] 法國的原產地命名控制政策，能保障農產品的產地、品質、特性和生產者的製作工藝。著名的例子是非香檳區出產的氣泡白葡萄酒不可以稱為香檳。

要點

　　在全球化的世界中，歐盟成員國的集體影響力賦予其一定的優勢。因此，如果歐洲人願意，我們有能力定義自己在面對美國、面對中國時的行事準則，也能在面對亞馬遜、阿里巴巴、谷歌或其他公司時，維護其公民所該擁有的權利。無論是法國總統還是德國總理，都無法單獨以同樣的方式發揮影響力。

大歐洲市場

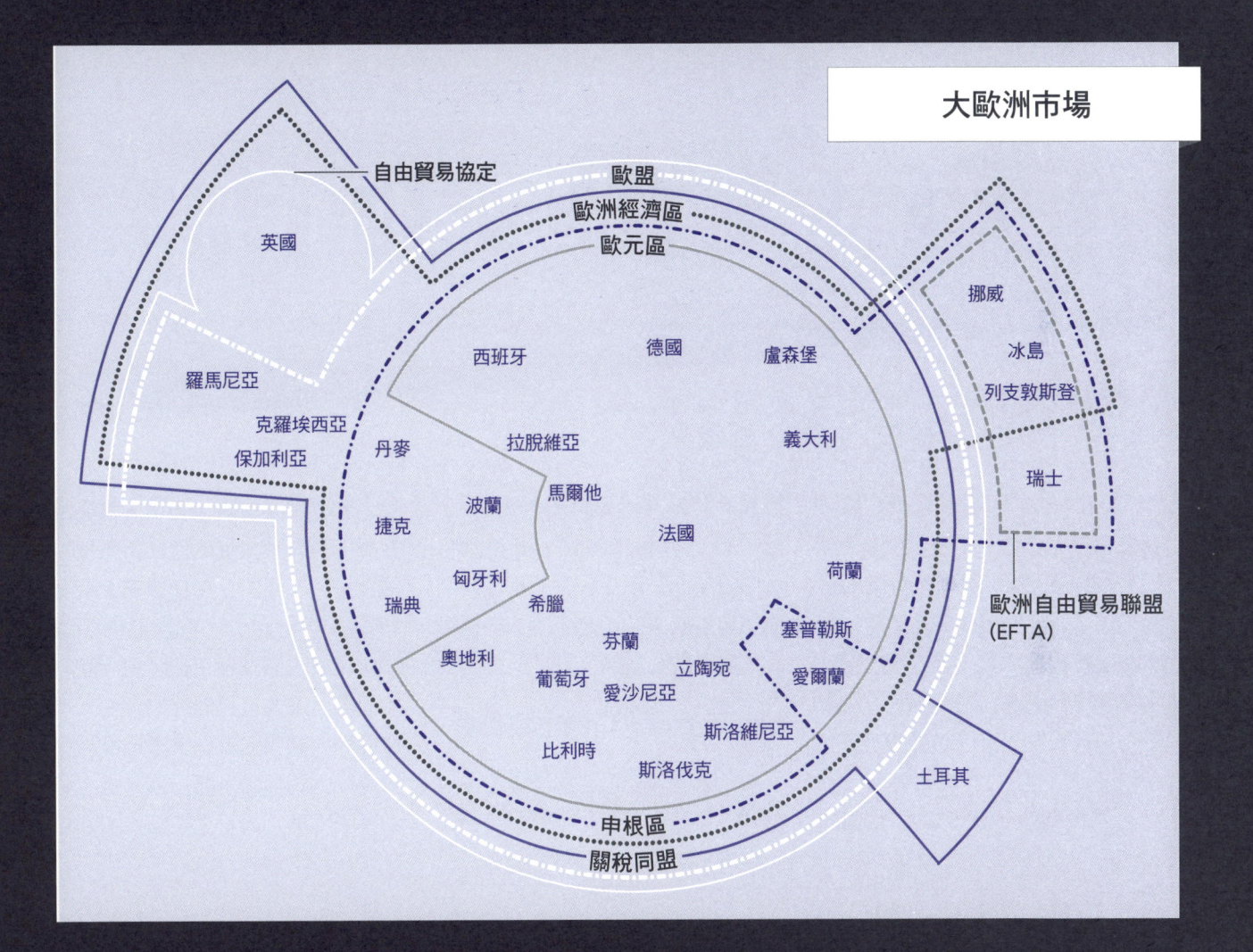

- 自由貿易協定
- 歐盟
- 歐洲經濟區
- 歐元區

英國

羅馬尼亞
克羅埃西亞
保加利亞

西班牙　德國　盧森堡
　　　拉脫維亞
丹麥　　　　　義大利
捷克　波蘭　馬爾他
　　匈牙利　　　法國
瑞典　希臘　　　　荷蘭
　奧地利　芬蘭　　塞普勒斯
　　葡萄牙　立陶宛　愛爾蘭
　　　愛沙尼亞
　　　斯洛維尼亞
　　比利時
　　斯洛伐克

挪威
冰島
列支敦斯登
瑞士

歐洲自由貿易聯盟 (EFTA)

土耳其

申根區
關稅同盟

13 歐盟在商業貿易上有何作用？

2018 年 7 月 26 日，歐盟執委會主席榮克前往華盛頓化解由美國川普總統在 2018 年夏天引燃的貿易衝突。為什麼出面的是榮克，而非法國總統馬克宏，或者德國總理梅克爾？因為歐盟執委會所代表的，是歐盟單一市場的集體經濟利益。

迄今為止，歐盟二十七個成員國共計擁有近 4.5 億歐洲公民，這使得榮克和烏蘇拉・馮德萊恩（Ursula von der Leyen）在發言時能夠與美國總統平起平坐，捍衛歐洲人的集體利益。

擁有近五億人口的市場份量

川普總統於 2018 年 3 月 1 日宣布，對進口鋼鐵和鋁徵收高額關稅。歐盟執委會隨後表明，可能會對美國具有代表性的產品（如波本威士忌、花生醬、牛仔褲等）開徵關稅，並制定了一份目標商品清單。如果美國試圖用保護國內就業的觀點，來為自己的聲明正名，那麼歐洲人譴責的就是美國違反國際貿易規則的保護主義措施。這次貿易緊張局勢，揭示了美國人和歐洲

人對國際體系、「美國優先」和商業多邊主義的觀點差異。

與此同時，美國總統於 2018 年 5 月 8 日宣布，美國退出伊朗核協議，同時威脅要對與伊朗進行貿易的外國企業實施制裁。十天後，歐洲通知世界貿易組織（WTO），如果美國堅持對鋼鐵和鋁徵收關稅，歐洲將對美國產品採取報復措施。5 月 23 日，川普在發言中提及汽車稅，引發德國擔憂。5 月 31 日，華盛頓宣布對來自歐盟的鋼鐵和鋁產品實施徵稅；歐盟則表示已準備好對 3 月制定出來的美國產品清單課稅，並決定與加拿大一起向世界貿易組織對美國提出上訴。

跨大西洋貿易及投資夥伴協議（TTIP）

2018 年 6 月 9 日，在加拿大舉行的七大工業國集團峰會（G7）上，有關各方達成了艱難的妥協。在美國領導人與加拿大總理賈斯汀·杜魯道（Justin Trudeau）發生爭執後，川普撤回了對 G7 決議文的支持，並再次威脅對汽車進口徵稅。而川普與歐盟執委會主席榮克在 2018 年夏天的會面，則預示著緊張局勢的緩和：布魯塞爾將盡力增加液化天然氣和大豆的進口，

歐盟擁有近 4.5 億歐洲公民，這使得歐盟執委會在發言時能夠與美國總統平起平坐。

而華盛頓則明確表示，雙方希望努力取消工業貿易的關稅（汽車除外）。美國領導人也宣布，美國和歐盟將共同努力改革世貿組織。

歐盟和美國之間擬議的貿易協定（跨大西洋貿易及投資夥伴協議，簡稱 TTIP）的主要目標，是將監管範圍擴大到世貿組織未涵蓋的領域，消除歐美市場之間的關稅和監管障礙。歐盟之所以希望加強和美國之間的關係，是因為在面對新興大國的競爭時，希望能保持這兩國原本在全球的影響力。

這項談判於 2013 年開始。三年多以來，隨著歐洲民眾的抗議聲浪日益高漲，法國和德國政府在 2016 年 8 月宣布談判失敗，原因在於該條約被認為過於偏袒美國的利益。

焦點

　　歐洲一體化市場的建設奠基於經濟自由主義的思想，並使得私人利益團體（無論是否來自歐洲）能夠以前所未有的程度，接近行政和政治決策者。歐盟透明度登記報告（*Le Registre de transparence*）中列出了 6,000 多名私人專業代表，除此之外，還有 1,000 多家顧問公司和獨立公司，這使歐盟面對必須捍衛歐洲公民普遍利益的情境時，會出現一定程度的緊張態勢。「孟山都文件[20]（Monsanto Papers）」事件是某些私人團體為維護其利益，因而對歐洲立法施壓的經典案例。歐盟已經採取措施，對各利益團體的濫權進行處置，但隨之而來也有被批評行政通膨的風險。

要點

　　單一市場的力量使得榮克和馮德萊恩及其繼任者，能夠捍衛歐洲人的集體利益。然而這種集體運作模式有一個缺點：超國家權力特徵，並不一定能在地方或國家層面上帶來良好的成果，因為歐洲人並不願意將歐洲視為一個產品標準化的巨大市場。

---

[20] 指於 2017 年底一批內部文件曝光，顯示著名農業生物技術巨頭孟山都涉嫌透過資金收買、操控學者和專家，以支持其產品除草劑「年年春」（主要成分為草甘膦）的安全性，並試圖掩蓋被國際癌症研究中心（IARC）列為「2A 類可能致癌物」的證據。

歐洲進出口中國和美國的數據

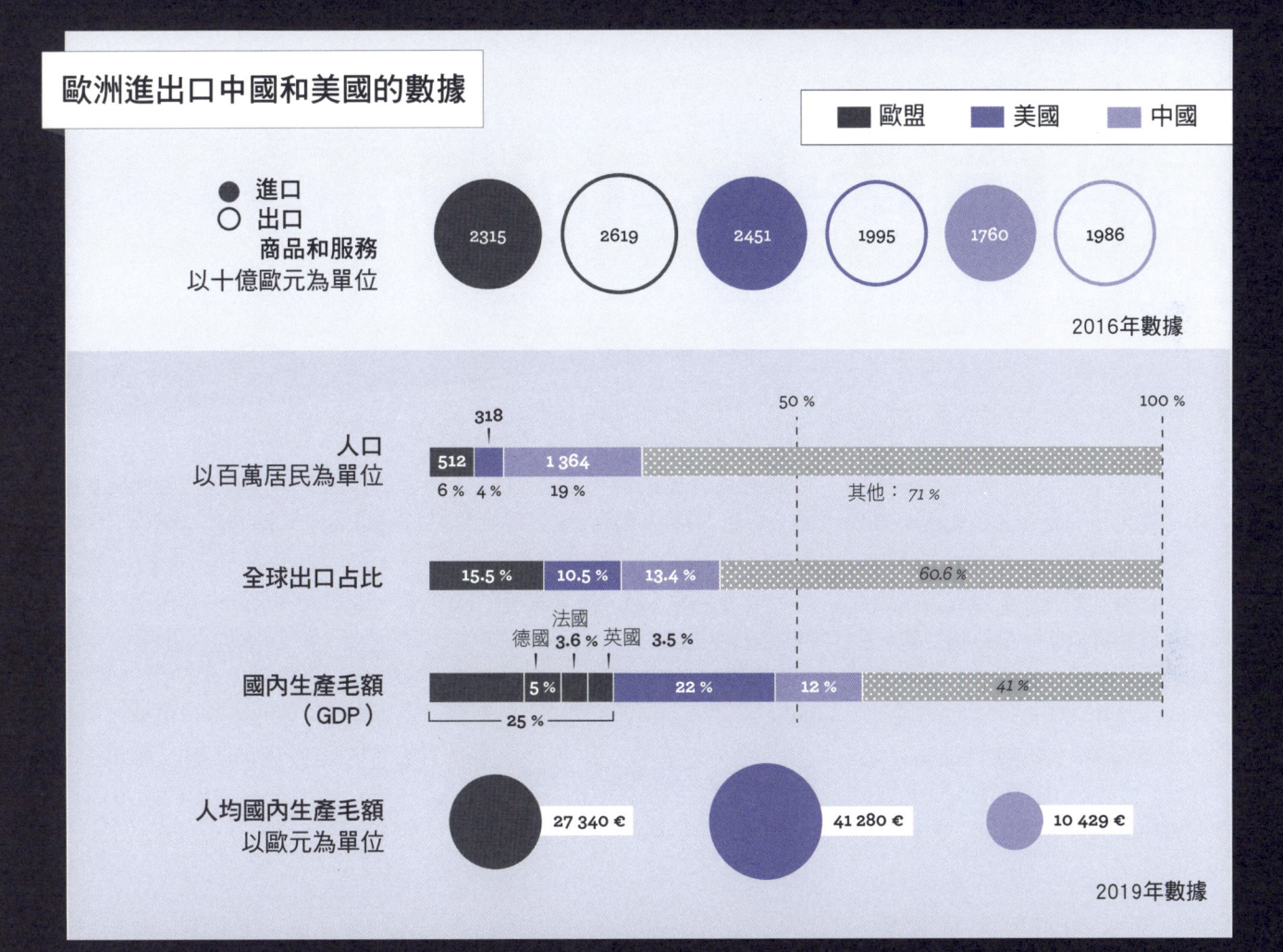

圖例： ■ 歐盟　■ 美國　■ 中國

進口 / 出口
商品和服務
以十億歐元為單位

- 歐盟 進口：2315　出口：2619
- 美國 進口：2451　出口：1995
- 中國 進口：1760　出口：1986

2016年數據

人口（以百萬居民為單位）
- 歐盟：512（6%）
- 美國：318（4%）
- 中國：1364（19%）
- 其他：71%

全球出口占比
- 歐盟：15.5%
- 美國：10.5%
- 中國：13.4%
- 其他：60.6%

國內生產毛額（GDP）
- 歐盟：25%（德國 5%、法國 3.6%、英國 3.5%）
- 美國：22%
- 中國：12%
- 其他：41%

人均國內生產毛額（以歐元為單位）
- 歐盟：27 340 €
- 美國：41 280 €
- 中國：10 429 €

2019年數據

14 歐盟在政治上有何作用？

歐盟難道只是一個大型的市場，其角色只是調節各成員國市場之間的經濟往來，使一切交易和諧地進行嗎？或者說，歐洲各國是否也在政治層面上，共享價值觀，例如致力於推動多邊主義、尊重國際法、人權和法治？

溫斯頓・邱吉爾（Winston Churchill）曾表示，「經濟領域的互助和軍事防禦的共同組織，必須逐步伴隨著更緊密的政治聯盟並行計畫」。然而有些歐洲國家對歐洲的經濟態度，優先於政治層面的積極性。舉例來說，對於丹麥或現已離開歐盟的英國來說，歐盟的首要作用是促進商品、服務和資本的交換。

歐盟究竟是個大型的市場……

2004 年、2007 年歐盟向中東歐的擴展，儘管這一擴張回應了歷史上「歐亞大陸西部一體化」的需求，但同時也基於背後的經濟邏輯。歐盟允許另外十二個國家（愛沙尼亞、拉脫維亞、立陶宛、波蘭、捷克、斯洛伐克、匈牙利、斯洛維尼亞、塞普勒斯、馬爾他、羅馬尼亞和保加利亞）加入聯盟，進一步加強了單一市場的經濟影響力。

歐盟擴張得太快了嗎？會議桌上的參與者與日俱增，決策過程變得更加冗長複雜。2015年以來，歐盟對移民危機的反應顯示出，歐洲的政治凝聚力已然被削弱。在歐洲價值觀方面，舉例來說，2004年加入歐盟的波蘭和匈牙利政府，就曾在侵犯人民自由和建立法治國家這兩個層面上，與歐盟執委會產生衝突。

用米蘭·昆德拉（Milan Kundera）的話來說，許多「無法理所當然地存在」的民族，深深地影響了歐洲當代歷史的發展。從1914年6月28日引爆第一次世界大戰的賽拉耶佛襲擊事件開始，到1990年代南斯拉夫內戰在該地區烙印下持久疤痕，史跡斑斑可見。

法國和德國在歐盟是否應該擴張的問題上，仍然存在分歧（儘管歐盟擴大政策屬於歐盟執委會專屬權限，但法律文本須經過歐盟理事會一致批准）。德國追求歐洲統一的可能性，法國則主張首先深化現有的聯盟。

從某方面而言，歐盟執委會與各成員國之間也存在矛盾：歐盟執委會以技術官僚方式推動擴張進程，而各成員國希望重新控制決策結果，並決定不遵循歐盟理事會建議，拒絕投票開啟新階段的談判。

還是個命運共同體？

1957年簽署《羅馬條約》的歐洲經濟共同體創始國——包括法國、德國、比利時和盧森堡——呼籲歐盟採取政治和經濟方面雙重聯盟的方針。巴黎當局和柏林當局因20世紀兩次世界大戰的歷史經歷，而彼此緊密相連。因此歐盟是政治和解的載體，雖然可以強調各國之間的經濟連結，但其整體目的不必限制於經濟層面。

事實上，歐盟成立的目的在於，以條約規範、和平，以及區域整合的力量，來取代民族國家之間的權力平衡。因此《歐洲聯盟條約》的序言指出，歐盟必須努力實現「歐洲各國人民之間更加緊密的聯盟」。這具有象徵意義的文章，體現了歐洲人之間存在某種政治命運共同體的想法。

> 歐盟只是一個大型的市場，還是歐洲各國之間也有共同的政治價值？

焦點

　　英國脫歐後失去在歐洲議會的否決權，如果法國和德國政府能夠將此機會利用得當，就有可能再度以德法為核心，推出政治性高於經濟性的歐洲願景。毫無疑問，這個新願景也仰賴歐盟執委會的再次崛起，因為自雅克‧德洛爾（Jacques Delors）擔任主席以來，歐盟執委會的權力步步衰退，但藉著歐洲復甦計畫，執委會在 2020 年新冠疫情期間，試探性地重新起步並再一次奪得了主導地位。在過去的幾年裡，它採取了一系列措施，以倡導屬於歐洲的共同政治經驗，例如近年來設立讓歐洲青年探索歐洲大陸的的獎助金、頒布一次性塑膠用品禁令和建立歐洲創新基金。

要點

　　對某些歐洲國家來說，歐洲共同體的經濟層面仍優先於政治層面。對於丹麥或現已離開歐盟的英國而言，歐盟的首要目的是促進商品、服務和資本的交換。而對於當初一起建立歐洲經濟共同體的歐盟國家而言，則傾向歐盟採取政治和經濟雙向重視的態度。

歐盟主要機構

歐盟理事會
- 布魯塞爾
- 27個成員國元首或政府首長 ＋ 歐盟執委會主席

制定歐盟發展所需的重大總體政策方針

監察 | *給予推動* | *仲裁衝突*

歐洲議會
- 史特拉斯堡／布魯塞爾
- 751名由歐洲公民直接普選產生的代表，任期5年

與部長理事會同為共同立法者
擁有預算權
對歐盟執委會擁有批准和審查權
監察權

歐盟執委會
- 布魯塞爾
- 27位執行委員（每個成員國1位）

條約守護者
提出歐洲共同體法案草案
在共同體的農業、貿易和競爭政策有直接干預權
執行歐盟理事會和歐洲議會決議的措施
管理歐洲共同體基金

部長理事會
- 布魯塞爾
- 27個成員國各部會部長組成（涵蓋司法部、內政部、商業部等）
  由擔任6個月歐盟輪值主席國的部長擔任理事會主席

與歐洲議會一同代表成員國的利益
擁有行政權

提案 | *提案*

歐洲中央銀行
- 法蘭克福
- 歐元區各國中央銀行總裁組成理事會＋由6名成員組成的執行董事會

制定歐元區貨幣政策
確保貨幣政策落實執行

歐洲審計院
- 盧森堡
- 27位審計員（每個成員國1位）

負責審查歐盟收入和支出的合法性、合規性
監察歐洲共同體資金的財務管理是否健全

歐盟法院
- 盧森堡
- 27位法官（每個成員國1位）
  ＋11位佐審官（Advocate Gerneral）

確保歐盟各項條約和次級條文的解釋和應用
遵守歐盟法律

15 歐盟在移民問題上的角色是什麼？

自 2015 年以來，隨著移民問題的發展，歐盟各成員國相應的移民政策在很大程度上破壞了歐盟的團結。歐盟面對著人口成長逐漸趨緩的高齡化問題，但南歐在經濟環境不穩定的情況下，人口卻持續強勁成長，導致國內青年面臨高失業率；而與此同時，世界氣候環境變遷越演越烈，因此移民問題在短期或中期並不會消失。

究竟是移民危機⋯⋯

根據 2017 年 10 月歐洲晴雨表[21]（Eurobarometer）的一項調查顯示，在匈牙利、馬爾他和希臘，有 63％ 的人口認為移民「的確是個問題」。而在斯洛伐克、保加利亞和義大利，有超過一半的受訪者抱持相同觀點。另一方面，瑞典人（45％）和愛爾蘭人（35％）則認為移民代表的「更多是一種機會」。

這其中的分野，大致可劃定為受到移民流影響較多的南方國家，和距離較遠、影響較為間接的北方國家。如果歐盟各國接納移民的傾向取決於其歷史和經濟狀況，那麼歐盟共同體的移民政策——特

別是「都柏林規則」（即對於尋求庇護者的登記和安置）——顯然無法滿足歐洲各國人民的期望。

2019 年，只有十四個歐盟成員國就「團結機制」（也就是如何在各國間分配移民）達成共識。由於各國的政經狀況存在巨大分歧，要在二十七國之間達成共同協議，似乎是一項不可能的任務：有的國家為應對人口挑戰，對移民持較開放態度；義大利等國則要求公平分擔庇護申請和移民造成的社會負擔；而匈牙利（以及當時尚未脫歐的英國）則出於政治原因，選擇封閉邊境，拒絕來自第三國的移民。

……還是收容危機？

在奧地利、匈牙利及義大利，極右翼政黨當選上台；在德國和希臘，極右光譜的政黨開始進入國會；在法國和北歐，極右派已然掌握了有份量的話語權；而在英國，關於脫歐的種種辯論塵囂甚上；在上述政治力量中，移民及移民限制一直是核心議題。

當移民抵達歐洲口岸時，面對文化和宗教的差異，其身分認同的特殊性會因政治因素而被放大檢視，尤其是伊斯蘭教相關問題。由於 21 世紀的全球政治相當令人焦慮，歐洲的文化多樣性論述在很大程度上，被安全問題、恐怖主義和伊斯蘭主義等論述所淹沒。雖然梅克爾於 2015 年向入境者敞開了德國的大門，但歐盟執委會主席在 2020 年談及希臘和土耳其的邊界時曾表示：「這條邊界不僅是希臘的邊界，而是歐洲的邊界。我感謝希臘在我們的時代裡，扮演了歐洲盾牌的角色。」

然而在歷史上，歐洲南部邊界並不總是所謂的「盾牌」。古代歐羅巴公主不正是腓尼基人嗎？瓦勒里特別提醒我們：「在其東部盆地中，地中海見證了某種歐洲雛形的建立。埃及和腓尼基可以說是我們文明的前身，而後是希臘人、羅馬人、阿拉伯人，及伊比利半島

> 「有一種不可抗拒的趨向性，使這塊形狀優美的土地成為萬眾嚮往的目的地，以及人類最偉大活動的場域。」
> ——瓦勒里

的各個民族……有一種不可抗拒的趨向性，經過數個世紀的作用，使這塊形狀優美的土地成為萬眾嚮往的目的地，以及人類最偉大活動的場域。」那麼，時至今日呢？

第二部　歐盟的功能是什麼？　067

焦點

　　部分歐洲民眾認為，全球化的力量淡化了邊界、身分認同、主權以及公民對自身未來的掌控力。美國總統川普的當選，則使這種暗流得以病毒式地傳播全球，他本人也成為了這種思維的實體象徵。薩爾維尼、奧班和雅洛斯瓦夫・卡臣斯基（Jaroslaw Kacynski）等異議領袖，則因拒絕移民而團結一心；由於歐洲人在移民問題上難以達成共識，這些政治人物因此得以從中獲利。歐洲各國在都柏林會議所訂下的規則，尚未在根本改革上取得任何顯著進展，而每當這些在海上漂流的移民必須在歐盟各國間進行分配時，這些改革又再次成為人們關注的焦點。2019 年入境歐洲的移民人數遠低於 2015 年，部分原因是歐洲各國政府採取的措施。即使移民問題的表面敘述和現實狀況大相逕庭，但它一直是人們持續關注的議題。

要點

　　自 2015 年以來，由於移民問題的發展以及各國之間應對措施缺乏協調，歐盟的團結性已然受到損害。這場移民危機同時也是一場接納危機，歐洲人口逐漸高齡化，且變得封閉保守。

---

[21] 代表歐盟定期進行的一系列民意調查，內容通常涉及歐盟成員國的重要議題。

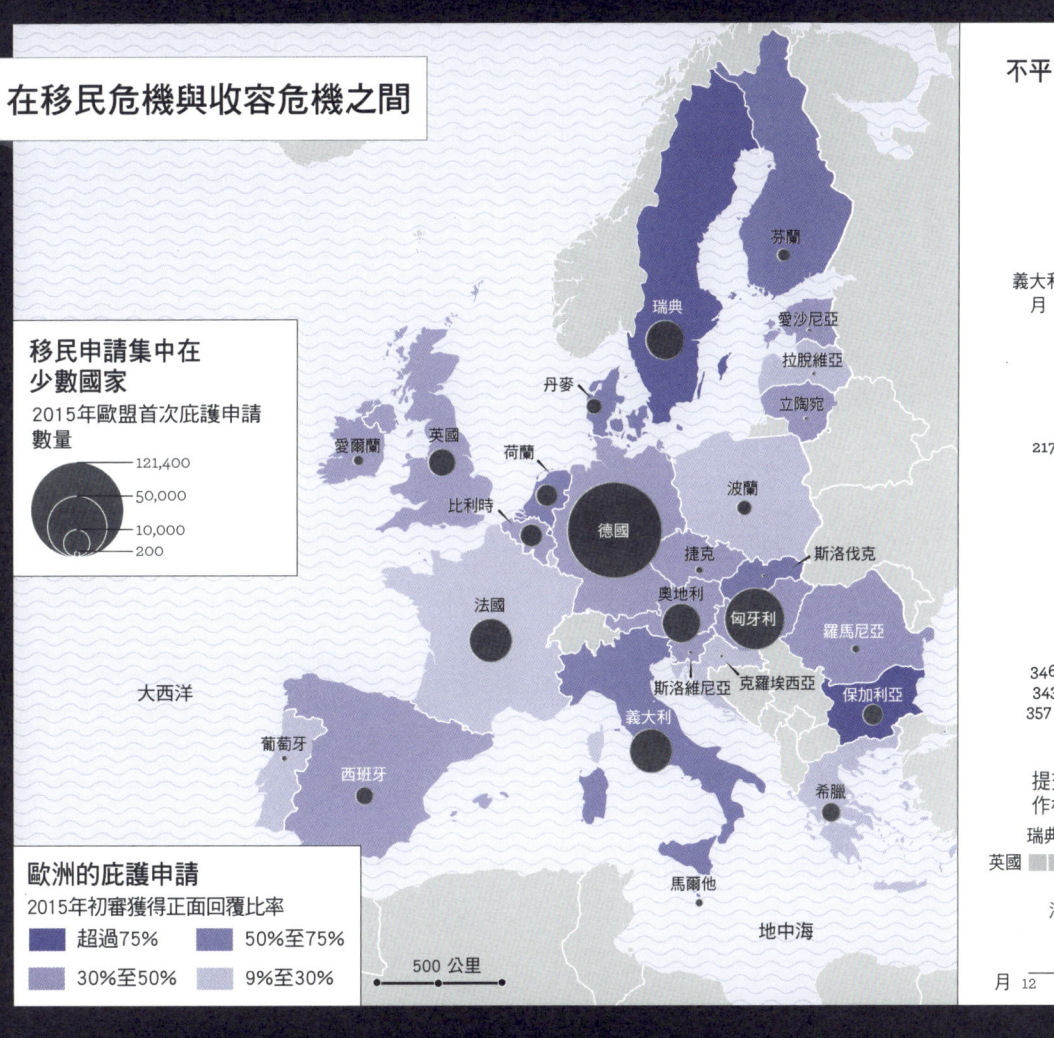

在移民危機與收容危機之間

移民申請集中在少數國家
2015年歐盟首次庇護申請數量
- 121,400
- 50,000
- 10,000
- 200

歐洲的庇護申請
2015年初審獲得正面回覆比率
- 超過75%
- 50%至75%
- 30%至50%
- 9%至30%

500 公里

地圖標示：芬蘭、瑞典、愛沙尼亞、拉脫維亞、立陶宛、丹麥、愛爾蘭、英國、荷蘭、波蘭、比利時、德國、捷克、斯洛伐克、法國、奧地利、匈牙利、羅馬尼亞、斯洛維尼亞、克羅埃西亞、保加利亞、葡萄牙、西班牙、義大利、希臘、馬爾他、大西洋、地中海

不平等的接待和等待條件

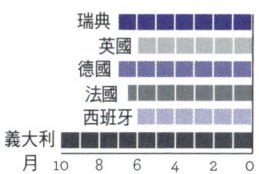

2014年平均審理時間
- 瑞典
- 英國
- 德國
- 法國
- 西班牙
- 義大利

月 10 8 6 4 2 0

已獲國家安排住宿者的成人每月津貼
- 75 €
- 217 €
- 134 €
- 91 €
- 51,6 €
- 75 €

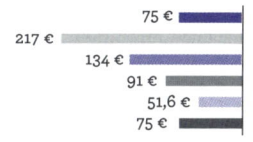

未獲國家安排住宿者的成人每月津貼
- 224 €
- 217 €
- 346 €
- 343 €
- 357 €

0 €

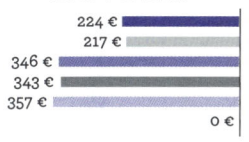

提交庇護申請後，取得工作權利的強制等待期限
- 瑞典：申請翌日即可開始工作
- 英國
- 德國
- 法國
- 西班牙
- 義大利

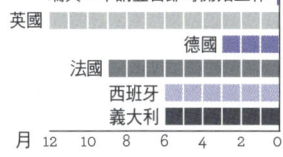

月 12 10 8 6 4 2 0

16 歐盟在外交上有何作用？

2015 年 11 月發生的巴黎恐怖攻擊事件，引發許多後續的政治影響。法國史無前例地啟動《里斯本條約》第四十二・七條。這些看似晦澀難懂的法律機制，實際上體現了在歐盟成員國遭到領土侵略時，作為凝聚歐洲人潛在的團結力量。當時歐洲各國都向法國表達聲援，並且向法國提供了實質援助。舉例來說，歐盟國家對法國一些對外行動提供協助，使其能夠專心打擊國內的恐怖主義。這些措施——無論是從具體行動或是象徵意義上——讓歐洲能夠以統一的陣線來防堵恐怖主義。

是力量造就團結……

2018 年 3 月 4 日，謝爾蓋・斯克里帕爾（Sergei Skripal）和他的女兒尤利雅（Yulia）在英國索爾茲伯里（Salisbury）遭施放神經毒劑，中毒入院。事件發生後，歐盟向俄羅斯發表了共同且一致的外交回應。若歐洲人能夠同聲連氣，就

能放大自己的聲音,讓歐洲的意見在世界舞台上被更多人聽見。

然而,當今的世界衝突具有多重面向,往往同時涉及外交、經濟、安全或軍事,因此歐洲人需要採取多元的應對措施。歐盟與僅擁有軍事工具的北大西洋公約組織(NATO,北約)不同,除了經濟實力之外,歐盟的特殊性在於握有多項影響全球勢力平衡的槓桿。1992年通過的《馬斯垂克條約》確立了歐盟共同外交暨安全政策(Common Foreign and Security Policy, CFSP),2007年通過的《里斯本條約》則進一步強化。該政策依據歐盟的「對外事務一般規定(General Provisions on the Union's External Action)」,在共同原則之上,朝共同目標前進。

……還是團結造就力量?

歐盟設有歐盟對外事務部(European External Action Service, EEAS),由歐盟外交與安全政策高級代表領導。歐盟政治與安全委員會(Political and Security Committee)由二十七個成員國的大使組成,負責監督歐盟共同外交暨安全政策涵蓋區域內的國際局勢,並在歐盟面對危機時,帶頭制定與監督反應方案。

儘管歐洲擁有「共同」的外交政策,但這並不表示擁有「一致」的外交政策:歐洲各國仍然擁有主權,並且可以在某些外交問題上意見分歧。舉例來說,2003年歐洲對於美國在伊拉克的軍事行動反應並不一致,各個成員國都能夠自主決定是否在這場衝突中支持美國。

但從現實來看,歐洲各國若在某領域中存在分歧,便會削弱他們影響戰略環境的能力,尤其是當一個國家單打獨鬥時:例如義大利單邊支持中國提出的當代絲綢之路建設計畫,因為這個計畫可以大量投資義大利經濟;而當歐洲國家單獨與中國市場就電池、稀有金屬或太陽能板進行談判時,也常常落於下風。

> 「共同」的外交政策並不等同於「一致」的外交政策。

焦點

　　如果說《馬斯垂克條約》曾為歐盟共同外交暨安全政策訂立了具體目標，那麼《里斯本條約》則將這些政策納入歐盟整體對外事務的目標（《歐洲聯盟條約》第二十一條）中。共同安全暨防衛政策（Common Security and Defence Policy, CSDP），是歐盟共同外交暨安全政策的重點部分，旨在為歐盟提供民事和軍事手段的作戰能力，並允許能夠在歐盟以外的地區進行軍事力量部署，以確保能夠維護和平、避免衝突與強化國際間安全。自2009年《里斯本條約》生效以來，歐盟為外交與安全政策設立了一位高級代表，以具體實現其外交政策。凱瑟琳・艾希頓（Catherine Ashton）及繼任的費德麗卡・墨格里尼（Federica Mogherini）就曾致力於促成伊朗核協議的談判，該協議成為歐洲多邊主義的成功典範，但隨後卻遭到單邊主義傾向的美國總統川普質疑。

要點

　　歐洲的外交政策是「共同」的，但這並不代表歐盟擁有「一致」的外交政策：歐洲各國仍然擁有其主權，並且可以在某些外交問題上意見分歧。舉例來說，2003年歐洲對於美國在伊拉克的軍事行動反應並不一致，各個成員國都能夠自主決定是否在這場衝突中支持美國。而從現實來看，歐洲各國若在某領域中存在分歧，在該領域中影響戰略環境的能力就會大大減弱。

歐洲對斯克里帕爾案的反應

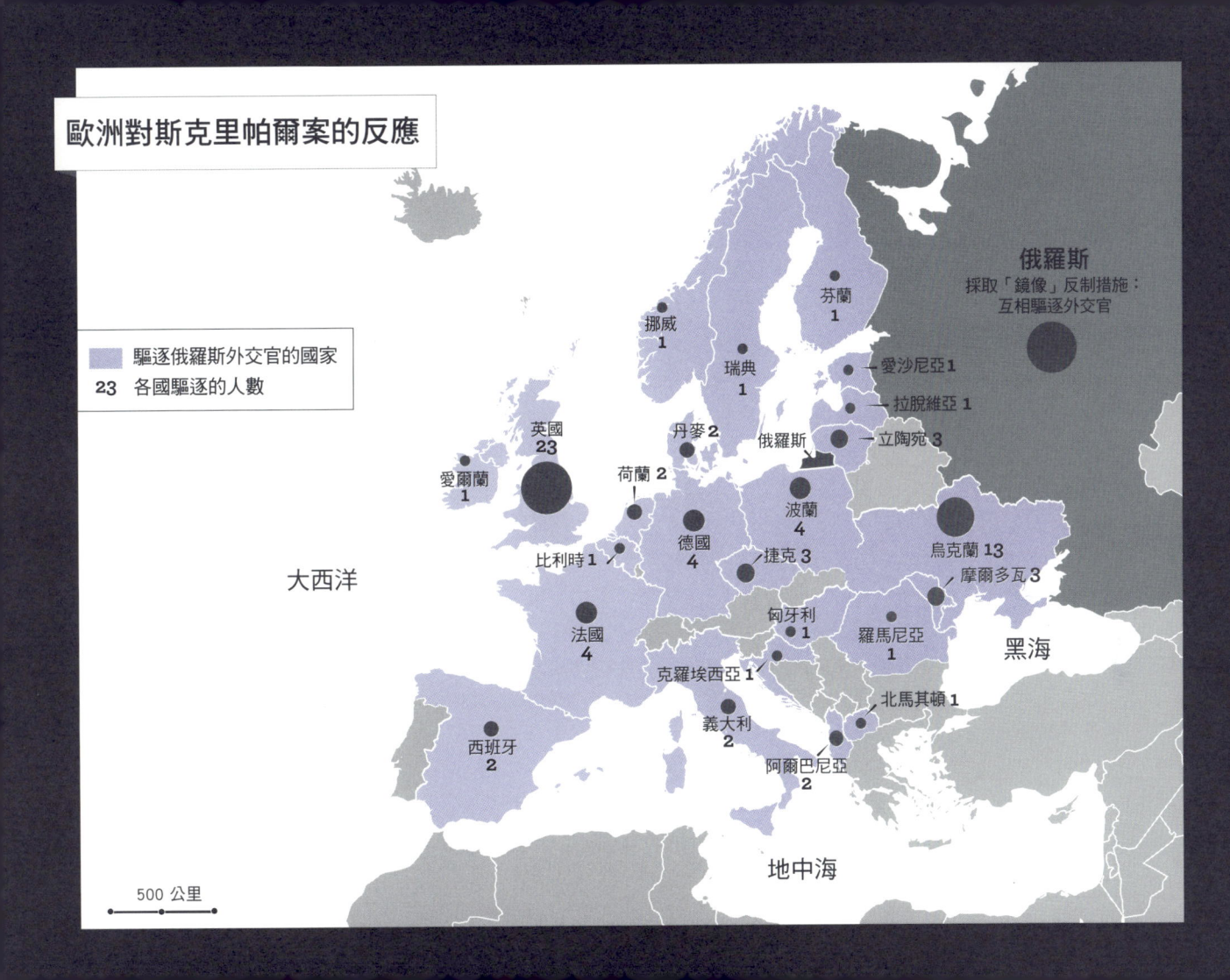

- 驅逐俄羅斯外交官的國家
- **23** 各國驅逐的人數

俄羅斯
採取「鏡像」反制措施：
互相驅逐外交官

- 挪威
- 芬蘭 1
- 瑞典
- 愛沙尼亞 1
- 拉脫維亞 1
- 丹麥 2
- 立陶宛 3
- 俄羅斯
- 英國 23
- 愛爾蘭 1
- 荷蘭 2
- 波蘭 4
- 烏克蘭 13
- 比利時 1
- 德國 4
- 捷克 3
- 摩爾多瓦 3
- 匈牙利 1
- 羅馬尼亞 1
- 法國 4
- 克羅埃西亞 1
- 北馬其頓 1
- 西班牙 2
- 義大利 2
- 阿爾巴尼亞 2

大西洋

黑海

地中海

500 公里

17 歐盟在戰略上有何作用？

當今世界中，一個歐洲國家單靠自身，已無法像今日的區域強權那樣，影響世界局勢，正如法國社會學家雷蒙‧艾宏（Raymond Aron）所言：「一個在歐洲框架內的大國，放到全球框架內卻變得渺小。」然而，像中國與美國這樣對全球化世界有重大影響的巨人，卻不必像歐洲一樣，面臨政治團結的問題。在這種背景下，歐洲似乎應該探索屬於自己的集體解決方案，以面對不僅只是國家層面的各種問題。正如馬克宏所說：「唯有共同行動，才能建構面向未來的戰略文化。」這就是為什麼當中國領導人習近平於 2019 年 3 月訪問法國時，法國總統馬克宏會在德國總理梅克爾的陪同下，在巴黎象徵性地歡迎習近平的到來，而並非選擇單獨接待。這個象徵性的舉動反映了當前世界局勢的演變：未來歐洲人將愈發清楚地面臨一個選擇──是要聯合起來，讓自己能夠有發言權，就像處理巴黎恐攻事件和斯克里帕爾案一樣；還是要僅停留在國家層面，冒著不再能夠在世界舞台上發揮影響力的風險。

越來越多集體性難題

但當前的政治背景助長了各種限縮身分認同的本能反應，使得尋求集體解決方案變得困難，這不僅是大多數歐洲政策面對的困境，

在戰略領域更是如此：短期決策會產生難以扭轉的長期影響，而短期政策也難以應對缺乏長期願景的情境。

歐巴馬當政時期，美國外交政策開始轉向亞洲，再到川普時期實施的各種政策，美國保障自己安全的手段變得更加難以捉摸。美國不再希望對歐盟的直接環境進行投資，而是希望看到歐洲人能夠擁有自主的行動能力。近年來也有許多討論集中在歐盟安全領域技術工具的不足：空中加油、戰略運輸、海空軍聯合行動、衛星通訊、網路安全、戰略無人機，以及背後由歐盟執委會主導下強化的工業基礎。這些討論也促成了歐盟一些共同的工具和機制誕生：歐洲防衛基金（European Defense Fund, EDF）、永久合作架構（Permanent Structured Cooperation, PESCO）、共同作戰總部、協調能力審查及「歐洲和平機制」等。無論如何，若歐洲人能對共同手段的用途持有相同的願景，就更容易對其發展的方向達成共識；但前提是歐洲各國必須在解讀歐洲各國及其鄰近地區（東部與南部）、國際背景和歐洲所面臨的風險時，能夠具有一致性。直至今日，歐洲人很明顯仍然以各自的國家利益為主，然而這種閉門造車的作為只會越來越是種「奢望」，並且難以應對當前時代的挑戰。

依然只有國家層面的解決方案

歐盟所提出的解決方案應該將集體動力融入戰略需求的定義中，才能利用手中可得的政治槓桿，以二十七國集團的身分（而非分散的政治力）來影響事態的進程。歐洲在防務和外交政策方面的建設，實際上是多方參與的成果（確切地說是二十七方）。這些政策不僅努力與歐洲各國的歷史連結，也積極地尋求各方支持。

自冷戰結束以來，武裝部隊與歐洲公民之間的聯繫已然減弱，現今的公眾不一定了解武裝部隊的用途。而事實上，對防務安全的推動力最終只能來自於國家元首，他們必須持續地商討、辯論、交流──唯有這麼做，才能基於歐洲人共同利益，勾勒出共同抱負和優先事項。另一種方法，則是將歐盟定義為公民力量或和平力量。奧地利猶太裔作家史蒂芬‧褚威格（Stefan Zweig）認為：「我們必須將眼光從政治史和軍事史轉向文化史，（因為）從超國家和普世的角度來看⋯⋯若歷史等同於戰爭史，只會將人類導向死路。」今日的歐盟所必須回答的問題是：在面對世界紛擾的同時，是否仍能堅定地給出這樣的答案。

焦點

　　如果「歐洲做法」最終只能淪為各國家利益集合，讓事態回歸到最小公倍數的層次，那麼就不可能創造出任何附加價值。因此，歐盟有時必須考慮採用「多速歐洲[22]（Multi-speed Europe）」的方式，如此可以確保不想邁步前進的國家不會阻止其他國家的行動步伐。《里斯本條約》為各國提供了實現此一目標的工具，如永久合作架構。然而歐洲人是否已經充分交流，並因此能夠理解和接受彼此的感受和觀點，努力攜手前進？這一切都尚未明朗——東歐、西歐、南歐和北歐對移民、價值觀、恐怖主義、政府債務、大西洋主義或俄羅斯威脅等議題的評估，其間差異仍然巨大且令人望而卻步。歐洲的挑戰是必須了解這些差異在理論和實踐中，能夠彼此吸納到何種程度。

---

[22] 歐洲一體化的一種發展模式，允許歐盟成員國根據自身意願和能力，在不同政策領域或項目中，以不同的速度和程度推進整合，而非所有成員必須同步參與所有一體化階段。

要點

　　若歐洲要對世界擁有更大的影響力，歐洲在戰略需求的定義上必須融入集體動能，才能讓歐盟能夠利用手中現有的政治槓桿，以二十七國集團（而非分散的政治力）的身分行動。然而歐洲在防務和外交政策方面的建設，必然是多邊參與的成果，不僅必須努力與歐洲各國的歷史連結，也要積極地尋求各方支持。

歐洲的戰略認同

權力分配 \ 權力類型	公民權力（自由主義視角）：透過法律和經濟產生影響力。	規範權力（建構主義視角）：透過規範和多邊主義施加影響力。	歐洲強權（現實主義視角）：透過武力和作戰能力產生影響力。
歐盟執委會有權進行談判、制定議程和監督各國政策；它負責提出賦予政策實際內容的立法法案；歐盟理事會以絕對多數制進行表決；歐洲議會則是透過「普通立法程序（Ordinary Legislative Procedure）」發揮作用。	1. **貿易**：歐盟專屬權限，但針對「混合貿易協定」，則需要各國議會批准，因此該權限有所限縮。 2. **合作與發展援助（包括人道援助）**：補充性權限，歐盟在各成員國發展政策之外，提供其金融工具。	3. **擴展**：歐盟專屬權限。 4. **鄰國政策**：自《里斯本條約》以來，為歐盟專屬權限。	
歐盟理事會和歐洲外交事務委員會發揮主導作用，在常駐代表執委會（代表）（COREPER II）內的國家，其外交官與歐盟政治與安全委員會內部協商後，共同決定政策方向；歐盟執委會和歐洲議會僅占據次要地位，主要提供建議。由此產生的政策，通常屬於「共享權限」範圍。			5. 共同外交暨安全政策 6. 共同安全暨防衛政策

18 歐盟在軍事上有何作用？

歐洲領土的防衛是歐洲各國首都的特權，也是《華盛頓條約》第五條下北約的責任。該條約使得歐洲領土的集體防禦依賴於大西洋聯盟和第五條所代表的美國安全保障。為什麼歐洲的防禦會依賴於與第三方勢力，特別是與美國的協議呢？

1954，原本預計要建立歐洲防衛共同體（European Defence Community, EDC），其目的是匯集法國、西德、比利時、義大利、盧森堡和荷蘭的軍事能力。歐洲防衛共同體計畫期望創造「一支附屬於統一歐洲政治機構的歐洲軍隊，在歐洲國防部長的領導之下，受歐洲議會的監督，並擁有共同的軍事預算」（也稱為「普利文計畫」）。

究竟是防務的歐洲……

在歐洲防衛共同體的計畫中，參加國提供的特遣軍隊本來應該編入這支歐洲軍隊，但該條約於1954年8月30日被法國國民議會拒絕。正如法國作家、外交家羅曼‧加里（Romain Gary）所言：「當時的歐洲已經接受了擁有一支歐洲軍隊的想法……然而隨著孟戴

斯法朗斯（Mendès-France）政府的上台，歐洲軍隊的計畫就隨即被國會埋葬，同一個人在四十八小時前後，向民眾解釋，為何不應該建立一支歐洲軍隊。」自此之後，除了1949年在北約框架內簽署的條約外，歐洲人從未真正成功地在防務領域達成一致。

防務並不存在於歐盟的基因中。事實上，歐盟建立之初的願景是摒除國家間的軍國主義，並在遵守國際法規範的條件下達成「雙贏」的關係。歐盟長期以來一直相信，這種做法將風行於世界各地，尤其會在其周邊地區受到歡迎。

然而歐盟大錯特錯：像俄羅斯或中國這樣的國家，並沒有放棄使用軍事力量來實現其目的。2014年，俄羅斯在歐洲大門口使用武力干涉烏克蘭，並併吞克里米亞。此外，全球軍事預算節節攀升，二十年來增加超過70%。

儘管如此，自世紀之交以來，歐盟還是願意冒著風險，嘗試建立共同的防務政策。這就是我們今天所談及，自《里斯本條約》以來的「歐洲防務」、「防務的歐洲」或「共同安全暨防衛政策」。然而在所有歐洲國家中，是否派遣軍事人員參與行動只能由各國政府做出決定，布魯塞爾無權干涉。

……或者歐洲的防務？

此外，歐洲各國對軍事問題的態度也截然不同：除了法國和英國之外，其他歐洲國家對自己武裝部隊的用途，並不總是抱有清晰的認知。而此處矛盾的是，大多數歐盟國家並沒有能力，得以在其領土之外部署現代化軍隊。這是為什麼？主要是因為半個多世紀以來，這些歐洲國家無論從物質上或文化上，都依賴美國提供的安全保障。

某些國家保持中立，並希望持續保持中立，例如奧地利、芬蘭、愛爾蘭、馬爾他和瑞典。而這些分歧使得歐洲很難建立起共同防禦的能力。

不過歐盟執委會近期首次決定投資軍事領域。自2019年以來，它向成員國提供了難以忽視的大量預算，用於發展軍事資源和歐洲國防工業。

這足以克服歐洲在軍事問題上的分歧嗎？我們將在未來幾年獲得見證。這幾年的時間將決定，歐盟是否準備好採取共同的外交和防務政策，以便能夠在國際舞台上確立自己的戰略角色。

> **防務並不存在於歐盟的基因中。**

焦點

　　根據歐洲晴雨表的調查，75% 至 78% 的歐洲人贊成擁有一支以維護和平、加強國際安全、促進國際合作、提倡民主、施行法治、尊重人權和基本自由為目標的歐洲軍隊。然而這個想法與歐洲各國軍隊的實際操作、彼此相異的戰略文化相衝突。舉例來說，法國希望歐洲夥伴能夠關注「薩赫爾危機[23]」，因為該地區的不穩定性會對歐洲領土產生影響。這麼做是為了保護歐洲的根本利益，但大多數歐洲國家並不願意干預非洲政治或參與法國的行動。

要點

　　歐洲國家對軍事問題抱持不同的態度，並且對於武裝部隊的用途不一定有清晰的認知。大多數歐盟國家沒有能力在境外部署現代化軍隊，而這是為什麼？主要是因為半個多世紀以來，這些國家無論從物質上或文化上，都依賴美國提供的安全保障。

---

[23] 指位於非洲撒哈拉以南薩赫爾地區的一連串危機和衝突，範圍涵蓋從西非到東非多個國家。

歐洲的防務合作

北方集團

遠征軍聯合部隊（JEF）

挪威
英國
冰島

丹麥

芬蘭
愛沙尼亞
荷蘭

立陶宛
拉脫維亞

瑞典

維謝格拉德集團

德國
法國

波蘭

歐洲干預倡議（IEI）

比利時
西班牙
葡萄牙

匈牙利
捷克
斯洛伐克

塞普勒斯
奧地利
愛爾蘭

阿爾巴尼亞
蒙特內哥羅
土耳其
加拿大
美國

希臘
盧森堡
保加利亞

羅馬尼亞
克羅埃西亞
義大利
斯洛維尼亞

馬爾他

永久合作架構（PESCO）

北約

歐盟：
- **CARD**：防衛協調年度審查（Coordinated Annual Review on Defence）
- **EDF**：歐洲防衛基金（European Defence Fund）
- **EPF**：歐洲和平機制（European Peace Facility）
- **MPCC**：軍事規劃與實施能力委員會（Military Planning and Conduct Capability）

19 英法關係有何作用？

從軍事角度來看，當代英國和法國之間的關係，相對較少受到當前政治變幻莫測的影響。英法兩國關係相對務實，並且體現在作戰、軍事能力和核能領域中。在作戰層面，英法遠征軍聯合部隊（Combined Joint Expeditionary Force, CJEF）的成立，使兩國擁有一支共同的遠程軍隊，能夠派出混合兵團進行對外行動。2010年英法兩國簽訂的蘭開斯特宮協議（Lancaster House Agreement）中，對於常規軍事能力和軍事威懾力都有著墨。

成為歐洲人之前的英法雙邊關係

這種務實的合作效果卓著，因為法國和英國是歐洲僅有的兩個國家，擁有「真的能動武」、同時也「真的動過武」的軍隊，這些軍隊因此可以部署到高強度的戰區中。這是一項深刻且重要的背景因素，因為它反映出在武力使用上相似的文化、戰略思想和軍事學說。相對而言，德國並沒有一支能夠部署出去、進行高強度行動的軍隊；

而英國的軍隊在外部戰區效率好、表現佳，因此法國需要與英國軍隊合作。

英法兩國都是聯合國安理會常任理事國，並且都擁有核子武器作為威懾。因此雙邊防務關係的決定性因素，並不會因為英國脫歐以及自 2016 年 6 月以來英國與歐洲關係出現的政治動盪，而受到深刻影響。

相似的戰略文化

談到撒哈拉以南非洲的安全環境，除了軍事層面之外，今日的挑戰是協助當地建立起政治和經濟上的可行方案。確保薩赫爾地區局勢不會惡化為區域火藥桶，符合英法兩國的共同利益，否則其戰火所帶來的影響必然會波及法國和英國的領土。只要歐洲家門口持續存在衝突，英法兩國就移民問題所簽訂的勒圖凱協議（Treaty of Le Touquet）能發揮的角色就有限，流亡成為戰爭地民眾唯一的選擇。

歐洲國家過去曾將防務合作作為政治一體化的墊腳石，這種嘗試的結果好壞參半，從設立德法混合旅[24]就由能顯現：該旅至今仍然是制度性意義高於作戰性意義。因此在進行防務合作時，必須確保在實際防務上有附加價值，而不只是制度面的舉措。英法關係就是如此：儘管英國決定脫歐，良好的英法關係仍然可以繼續保護歐洲利益和歐洲公民，甚至有可能保存歐洲向外投射權力的能力。英法防務關係比法德關係更為務實，因此也更有可能產生實際成果。

> 法國和英國是歐洲僅有的兩個國家，擁有「真的能動武」、同時也「真的動過武」的軍隊。

第二部　歐盟的功能是什麼？　083

焦點

英國脫歐使維克多・雨果（Victor Hugo）所說的「人民間友愛的自由聯盟」在政治上陷入停滯。2016 年 6 月，英國公民面臨一項關鍵選擇：是要選擇相互依存，還是選擇島嶼孤立主義？他們最終在全球化的喧囂下選擇了孤立。然而英法關係對於捍衛某些歐洲戰略利益，仍將扮演至關重要的角色。在情報、恐怖主義、核電、對外軍事行動等許多領域中，兩國關係將依然維持強勢，從政治角度來看，這能夠最大限度地減少英國脫歐所帶來的有害副作用。

---

[24] 法國和德國在歐洲防務一體化背景下合作建立的聯合軍事部隊。

要點

法國與英國之間的務實合作在軍事層面上運作良好。兩國的軍隊都具備部署於高強度作戰戰場的能力，並且在武力運用方面擁有相似的文化，在戰略文化與作戰準則（doctrine）上也相當接近。

兩個戰略合作的鄰國

英國 | 法國

- 成為聯合國安理會常任理事國 **1946 年** | **1946 年** 成為聯合國安理會常任理事國
- 北約創始國成員 **1949 年** | **1949 年** 北約創始國成員
- 國防預算 **470 億歐元** | **410 億歐元** 國防預算
- 核彈頭數量 **215 枚** | **300 枚** 核彈頭數量
- 現役軍人 **150,250 名** | **202,700 名** 現役軍人

20 德法關係有何作用？

2017年5月，法國總統在〈歡樂頌〉的旋律中宣布當選，這似乎象徵了歐洲政治新時代的開啟，並編織出一個可以預見結局的敘事：法國，作為啟蒙運動的起源，阻止了民粹主義的蔓延，而德法這對破鏡重圓的夫婦共同驅動歐洲共同體，引導歐洲走向一個更明確的未來。親歐派法國總統馬克宏的當選，也挽回了英國脫歐時為歐洲一體化帶來的否定聲浪，為重塑歐洲的行動提供了政治輪廓和象徵旗幟。

然而，我們不能對這些美好圖像不加懷疑。在遠離媒體喧嚷之處，火車依舊隆隆行駛，歐洲大陸也繼續呼吸吐息，並非所有人都對選舉所造成的騷動有所注意。而德法關係在各種變遷中的敘事與現實，卻揭示了一個對於歐盟極為重要的命題。

老夫老妻關係

德法兩國必須步調一致，這是歐洲範圍內各國能彼此妥協的先決條件，而非保證。但如果法國和德國意見相左，歐洲就不可能達成

大規模的協議。

歐洲並非在科技或法律上停滯不前,而是在政治上;因此科技或法律手段並無助於擺脫困境,歐洲人最終必須訴諸政治。由此可見,只有德法兩國最高層達成政治妥協,才有可能推動歐盟的復興,因此由法國和德國元首所倡導的高層計畫就至關重要。2017年法德部長理事會等雙邊會議,在接續的幾年中取得了不可否認的進展。從防務問題到氣候變遷,德法兩國展現出全新的雄心壯志,可以解決某些特定問題,並希望將這份願景轉化為具體、易於理解、能夠得到支持的行動方案。而一項方案可以導引出另一項方案:聯合空戰系統、戰術空對地飛彈、法德新創基金、聯合氣候研究計畫或歐元區預算案。

邁向臨界質量[25]?

為了解決歐洲內部的種種分歧,德法兩國之間必須有所妥協。雖然法國和德國政府在歐洲各自有不同的重心,但只要達成一致,就能在周圍聚集足夠的「臨界質量」,推動歐洲行動向前發展。而為了讓整個歐洲大陸都從能夠這些計畫中受益,巴黎和柏林必須共同把薪火帶出萊茵河沿岸地區,努力在現有的動態中將歐洲盟友聚集起來,超越傳統的德法關係向東、向南推進。如果法國和德國能夠達成超越防務議題的橫向政治妥協,那麼這種政治推動力將作用於歐盟執委會,將其他積極主動的歐洲國家聚集在一起,並由此啟動正向循環。歐盟自此將擁有雙驅動引擎:執委會和德法關係。

> **但如果法國和德國意見相左,歐洲就不可能達成大規模的協議。**

焦點

每次歐洲出現政治危機時，東西歐和南北歐的分歧都會重新浮現，這使得歐洲難以設定一條單一航線，而準確地說，歐洲只有在危機時期才能取得進步。在新冠疫情期間，產生了類似於 2008 年的東西分歧，甚至因接連發生的移民危機使情況更加惡化。這解釋了為何歐洲政策在很大程度上，取決於各國領導人的推動，特別是德法之間的推動，所有歐洲政策都依賴這兩國的力量來產生連鎖反應。新冠疫情後的歐洲復甦計畫的談判就是個好例證：如果沒有德法協議，想要調和歐洲南北經濟差異依然是種幻想。

---

[25] 指維持核子連鎖反應所需的最小裂變材料質量。

要點

為了解決歐洲內部的種種分歧，德法兩國之間必須有所妥協。雖然法國和德國政府在歐洲各自有不同的重心，但只要達成一致，就能在周圍聚集足夠的臨界質量，推動歐洲行動向前發展。

以數據來看德法關係

教育

每5名德國學生中就有1人學習法語，法語是德國教授的第二外語。
每年約有8,000名德國學生赴法國留學。
每6位法國學生中就有1人學習德語，德語是法國教授的第三外語。
每年約有6,000名法國學生赴德國留學。

文化

每年平均有18部德法合拍電影。
德國電影院平均每週上映100部法國電影。

歐洲

德國（≈16%）＋法國（≈13%）＝30%歐洲人口。
德法兩國在史特拉斯堡歐洲議會共有173名代表。

經濟

德法兩國是彼此的第一大貿易夥伴。
法國企業在德國創造了25萬個工作機會。
德國企業在法國創造了35萬個工作機會。

日常生活

德國人每年在法國預訂總共超過7千萬個過夜住宿。
共有2,200對姊妹市／地區。

圖例：
- 法國文化中心
- 德國歌德學院
- arte 德法公共電視台總部

（地圖標示：德國、法國、arte）

第三部

歐洲是個強權嗎?

21
歐洲是和平的代名詞嗎？

　　由於現實情況多有差異且難以全盤納入考量，因此以下的數字並非完全精準：但僅僅在歐洲大陸上，光是 1800 年至 1950 年間，就有超過 6,000 萬人死於戰爭。這個可怕的死亡人數，足以讓歐洲成為近代歷史中一片荒蕪的焦土，以至於時任法國外交部長羅伯特・舒曼（Robert Schuman）發出了沉痛的警語：「歐洲尚未建立，我們卻歷經了戰爭。」這個數字也能讓我們理解，為何歐盟在理念上的自我定位是熄滅強權之火，而非為其添柴。經歷了兩次世界大戰後，舒曼於 1950 年 5 月 9 日提出，將歐洲煤炭和鋼鐵的生產進行聯合管理，以改變「這些地區長期以來致力於製造戰爭武器，並因此恆常深受其害的命運」。

究竟是公民權力……

　　歐洲共同體自誕生以來，就主張以「公民權力」為基礎的整合模式，目標是透過各種手段克服國際體系中的無政府狀態。首先，就是追求和平，並採取孟德斯鳩所提出的「溫和貿易」（le doux commerce）——也就是以自由和經濟性的合作實現和平的願景。這個「和平的歐洲」建立在一個合法、且能夠被遵守的規則體系，該體系由歐盟建立，既約束歐盟自身，也適用於其成員國和候選國。

這也就是歐洲整合計畫的「規範性面向」。隨著成員國之間互賴程度不斷加深，各國都被納入這套具有約束力的規範框架之中。「為和平而建、為和平服務」的歐洲理念，也體現在法德兩國和解的歷史中，並實踐在各種歐洲層級的合作組織中，如經濟合作暨發展組織（OECD）和歐洲安全與合作組織（OSCE）。

歐盟將成員國承認的合法行為制度化，讓這些規範因而得以在歐洲內化，並成為可輸出於國際的行為標準。這個理念也體現在歐盟的外交政策中：歐盟外交著重於援助他國發展，以和平手段解決爭端和預防衝突。歐盟由此逐漸在國際上成為了多邊主義和談判協商的代名詞，從根本上透過規範協議而非武力損害，確立長期的相互依存關係。這也正是法國政治學者巴斯蒂安·尼維特（Bastien Nivet）所提出的歐洲「超軟強權」（Hyper Soft Power）。

……還是地緣政治強權？

因此，歐洲的政治力量選擇先將歐洲內部關係穩定下來，然後再處理歐洲與世界的關係。然而歐洲內部權力的演變和國際體系的發展，正對這個願景造成衝擊：歐洲內部在《里斯本條約》第七條的應用，以及其基本價值如法治國家和庇護權等問題上存在衝突，這顯示出經濟一體化並不一定能導向穩固的政治一體化，至少在短期內是如此。

這一轉變也以具有衝極性的方式，體現在歐洲與國際社會的關係中。若用美國政治學家羅伯特·卡根（Robert Kagan）的話來說，當代政治環境的特徵，是行為者更傾向於使用「力量的規範」，而非「規範的力量」，因此自然而然地降低了歐盟規範權的效力，歐洲戰略自主權的問題也隨之浮上檯面。那個曾在 2012 年獲得諾貝爾和平獎的「和平歐洲」，能否真正脫離地緣政治的牽絆？

事實上，如今歐盟所展現的戰略文化已與其歷史脫節。德國總理梅克爾曾在 2017 年 5 月表示，面對英國脫歐和美國的長期外交政策，歐盟現在應該「將命運掌握在自己手中」，因為這些政治事件似乎都揭示了盎格魯撒克遜人長期獨善其身的傾向。而馮德萊恩在 2019 年上任時表示，她希望能夠領導第一個真正具有「地緣政治特性」的歐盟執委會。

> 「歐洲尚未建立，我們卻歷經了戰爭。」
> ——舒曼

焦點

　　《里斯本條約》宣布，歐洲各國「決心以手中握有的資源，加強對和平與自由的保障，並呼籲其他認同這份理想的歐洲人民一起努力」。這篇序言等於是「歐洲即是和平」當代文宣。而《羅馬條約》的談判者則致力在各個領域中推展和平：煤炭鋼鐵、商業貿易、金融貨幣、農業和平、人口流動和社會和平。和平歐洲的理念也體現於德法和解以及經濟合作暨發展組織、歐洲安全與合作組織等各種歐洲層面的合作機構。法國文豪雨果曾有一種直覺：「終有一天，巴黎和倫敦之間、聖彼得堡和柏林之間、維也納和杜林之間，若要開戰都將顯得荒謬無稽，就像盧昂和亞眠之間絕不可能開戰一樣。」

要點

　　歐洲共同體自誕生以來，就主張以公民權力為基礎的整合模式，透過各種手段克服國際體系中的無政府狀態。然而歐洲內部權力的演變和國際體系的發展，正對這個願景造成衝擊，因為當代政治行為者更傾向於使用「力量的規範」而非「規範的力量」。由於歐盟所展現的戰略文化如今已與其歷史脫節，因此德國總理梅克爾曾在 2017 年呼籲歐盟，應該「將命運掌握在自己手中」。

現代歐洲大陸上的戰爭與和平

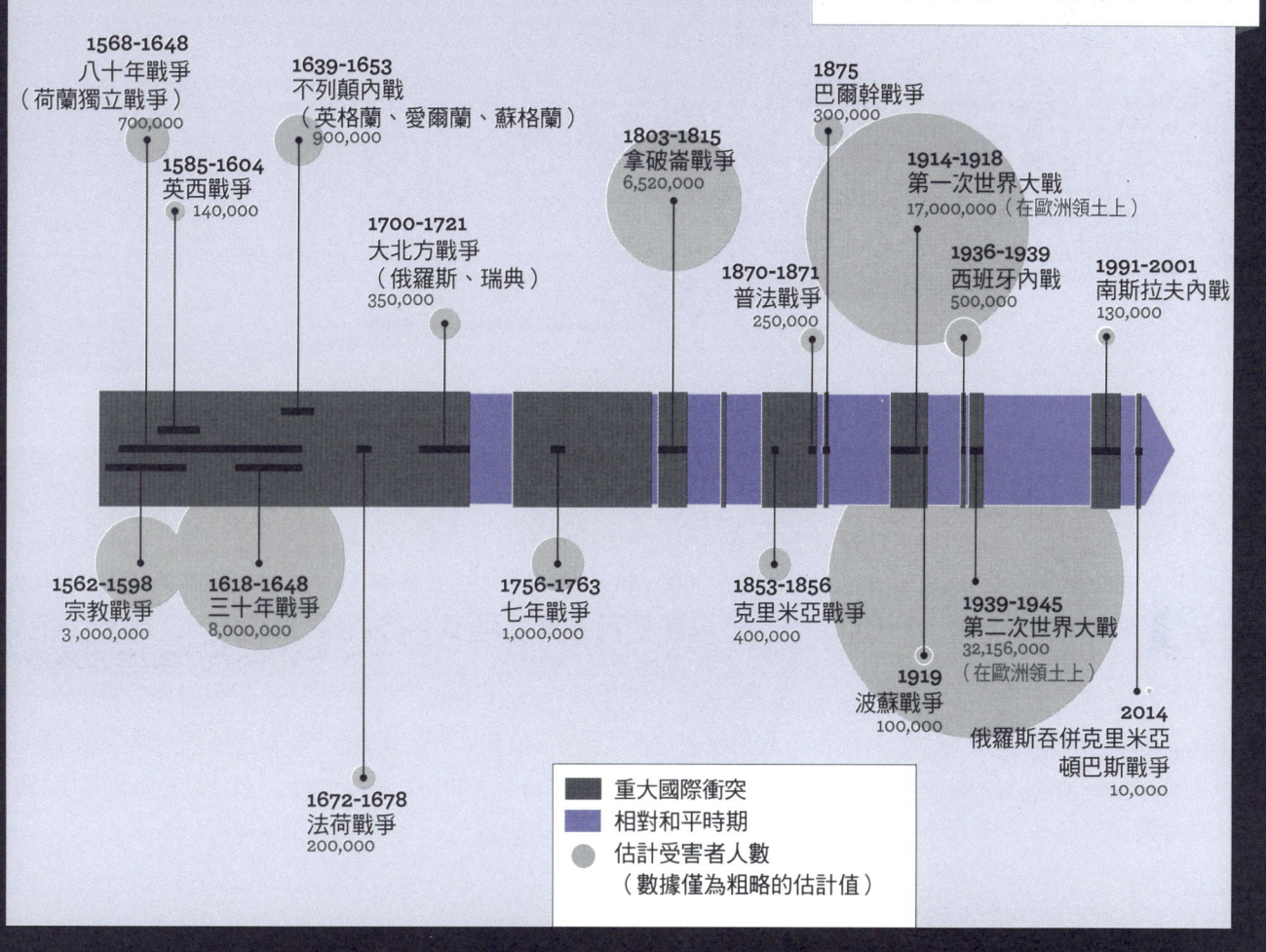

1568-1648 八十年戰爭（荷蘭獨立戰爭） 700,000

1585-1604 英西戰爭 140,000

1639-1653 不列顛內戰（英格蘭、愛爾蘭、蘇格蘭） 900,000

1700-1721 大北方戰爭（俄羅斯、瑞典） 350,000

1803-1815 拿破崙戰爭 6,520,000

1870-1871 普法戰爭 250,000

1875 巴爾幹戰爭 300,000

1914-1918 第一次世界大戰 17,000,000（在歐洲領土上）

1936-1939 西班牙內戰 500,000

1991-2001 南斯拉夫內戰 130,000

1562-1598 宗教戰爭 3,000,000

1618-1648 三十年戰爭 8,000,000

1672-1678 法荷戰爭 200,000

1756-1763 七年戰爭 1,000,000

1853-1856 克里米亞戰爭 400,000

1919 波蘇戰爭 100,000

1939-1945 第二次世界大戰 32,156,000（在歐洲領土上）

2014 俄羅斯吞併克里米亞 頓巴斯戰爭 10,000

圖例：
- 重大國際衝突
- 相對和平時期
- 估計受害者人數（數據僅為粗略的估計值）

22
金融危機摧毀了歐洲？

21世紀初，人們預期歐洲將主導這個新世紀的發展，因為這個世紀將以歐洲規範和歐洲模式所建構和塑造。歐盟在2003年發表的安全戰略文件中，自豪地宣稱自己正經歷著「前所未有的繁榮、安全、自由」，然而與今日的景況對照，現在的歐洲人很難再有這份底氣。自2008年以來，歐洲的前景逐漸黯淡，隨著黃昏預言不斷出現，以及歐元區危機期間一系列呼籲「把握最後機會」的高峰會，歐洲菁英轉而抱持悲觀主義，大眾也籠罩在幻想破滅的失意之中。

歐盟機構隨後動員起來，於2010年創建了歐洲金融穩定基金（EFSF）和歐洲金融穩定機制（EFSM），並於2013年合併為「歐洲穩定機制」（ESM）。2010年至2012年間，歐洲中央銀行決定出手收購風險最高的成員國國債。歐洲各國的債務危機確實揭露出顯著的地區性差異：北歐和西北歐國家失業率普遍低於歐盟平均值（2010年為8.9%），同時具有高生產力和長期結構性經常帳盈餘。相較之下，南歐國家（塞普勒斯、希臘、馬爾他、西班牙、葡萄牙、義大利）以及中歐和東歐國家的總體經濟指標則大為遜色。

由外部轉向內部

2011 年，歐盟理事會和歐洲議會協議成立了三個機構，分別負責銀行（歐洲銀行管理局）、保險公司（歐洲保險和職業年金管理局）和金融市場（歐洲證券與市場管理局）的審慎監管。2015 年，量化寬鬆的貨幣政策允許歐洲中央銀行製造貨幣，以購買投資人持有的政府公債或私人債券，並將這些資金重新注入經濟循環。

但由於這場危機迫使歐洲領導人直面最緊急的需求，因此不得不將長期的必要事項往後推遲。自 2008 年以來，歐洲爆發的經濟金融危機嚴重打擊了歐盟在國際場域中的野心，歐洲在外交政策和防務方面的共同計畫因此被迫擱置。

此外，公共債務也給歐盟成員國的預算帶來長久的負擔，迫使各國設計出不合理的公式，以試圖在預算主權和國家主權之間取得平衡。然而此時眾人已心知肚明：不久之後，歐盟中任何國家都將無法以一己之力，動員全方位的軍事手段。在這種背景下，面對超越單一國家範圍的問題時，探索集體解決方案似乎是合乎邏輯的舉措。

由未來轉向過去

但緊繃的經濟和社會環境，不可避免地會引發各種身分認同退縮的本能反應，使得尋求集體解決方案變得窒礙難行。在目前短期利益優先於長期利益之際，要營造出一個平和的辯論環境，來討論歐洲在世界舞台的角色，是一項艱難的挑戰。然而大多數歐洲政策（尤其是防務政策）都已陷入困境：某些短期決策在長期會產生無法擔負的後果；而若缺乏長遠的視野，現下的歐洲決策將難以適應未來的需求。

更根本地說，歐洲在本世紀初經歷的是一場出乎意料、迅雷不及掩耳的小型「哥白尼式革命」。21 世紀初的歐盟被視為跨國整合的典範，但十年後卻問題叢生；歐盟從區域穩定的中心力量，轉變為內部動盪的受害者。以政治學者馬克‧倫納德（Mark Leonard）和伊萬‧克拉斯捷夫（Ivan Krastev）所言，歐洲原本期望將其規範輸出到全球，但如今它只能勉力保護自己的歷史成果，並小心避免進口鄰近地區的政治混亂。

> 歐洲在本世紀初經歷了一場小型的哥白尼革命。

焦點

　　2016 年 4 月 25 日，美國總統歐巴馬在漢諾威發表演說時，強烈地詢問舊大陸：「今天是否需要一個非歐洲人⋯⋯來提醒歐洲人，他們所達成的成就是多麼偉大？」歐洲建設逐漸被政客、人民和知識分子拋棄，而對歐洲建設最熱烈的讚揚竟然來自外部，這是否令人訝異？在美國總統看來，歐洲確實正在經歷「人類歷史上最和平、最繁榮、最進步的時期⋯⋯幾十年來，大國之間未曾爆發衝突；今天有更多的人生活在民主制度中；歐洲人民更富裕、更健康、受到更好的教育；而全球化經濟已使超過十億人擺脫了極端貧困。」

要點

　　21 世紀初的歐盟被視為跨國整合的典範，但十年後卻問題叢生；歐盟從區域穩定的中心力量，轉變為內部動盪的受害者。歐洲原本期望將其規範輸出到全球，但如今它僅止於勉力保護自己的歷史成果，並小心避免進口鄰近地區的政治混亂。

歐盟各國公債（2020年7月）

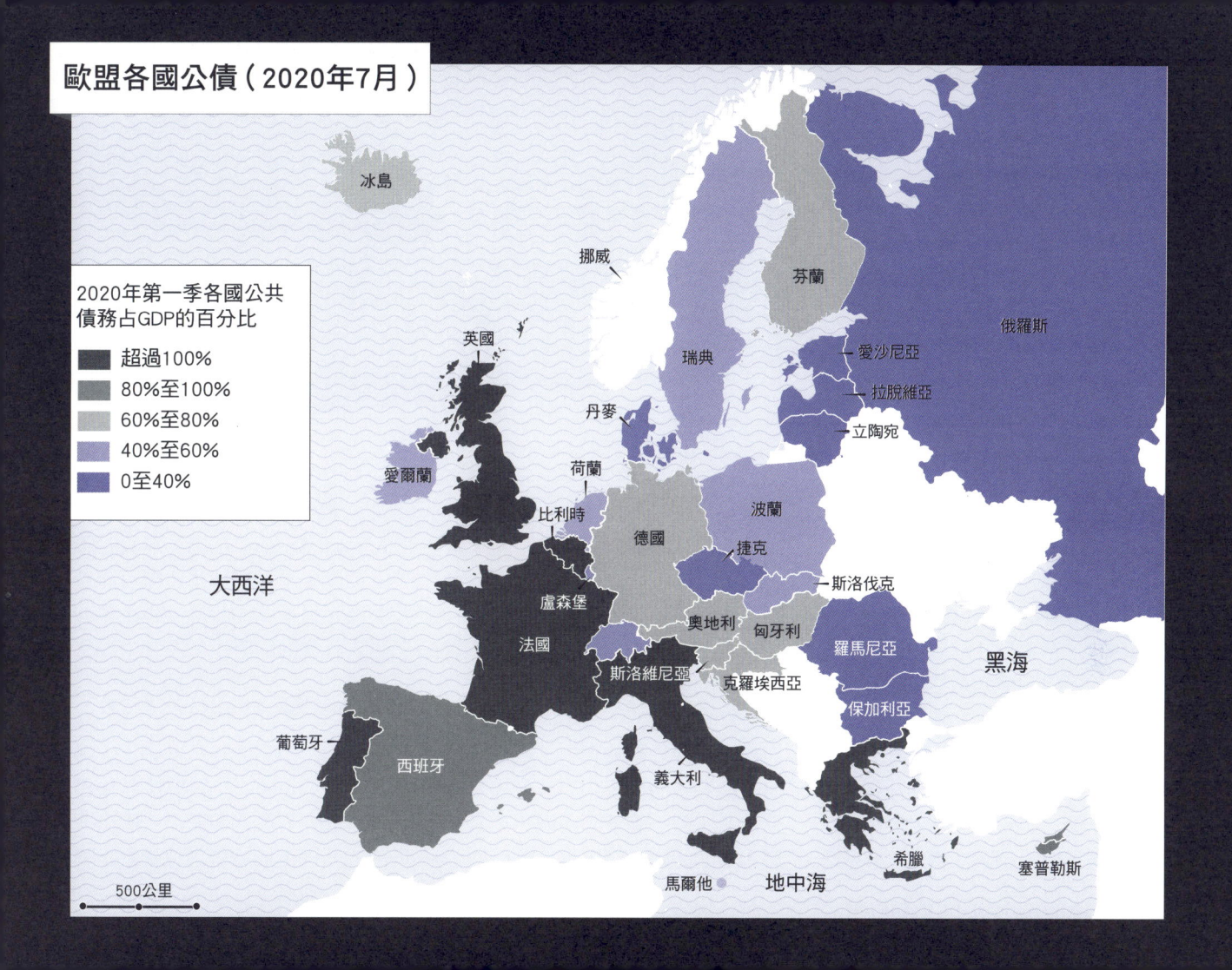

2020年第一季各國公共債務占GDP的百分比

- 超過100%
- 80%至100%
- 60%至80%
- 40%至60%
- 0至40%

冰島
挪威
芬蘭
俄羅斯
瑞典
愛沙尼亞
拉脫維亞
丹麥
立陶宛
英國
愛爾蘭
荷蘭
波蘭
德國
比利時
捷克
斯洛伐克
盧森堡
奧地利
匈牙利
法國
斯洛維尼亞
羅馬尼亞
克羅埃西亞
保加利亞
葡萄牙
西班牙
義大利
黑海
馬爾他
希臘
塞普勒斯
大西洋
地中海

500公里

23
古代政治的重複書寫

這是一個足以流傳後世的故事：1868年，考古學家海因里希·謝利曼（Heinrich Schliemann）挖掘特洛伊遺址時，最終在希沙利克山下發現的重要文物竟然是——一堵牆。事實上，一個政治共同體的存在，似乎總是依憑於自身與他者的差異。一群人在特定領土上的的主權，是根據外部環境來定義的，而這種「外部環境」通常被描述為敵對、野蠻、需要文明教化或需要被征服。德國法學家、政治思想家施密特甚至將敵友的分界視為政治的濫觴，而法國哲學家沙特（Sartre）後來在他的劇作《無路可出》（*Huis Clos*）中，就欣然繼承了這個觀點。

如果接受「他人即地獄」[26] 觀點，那麼用來劃分彼此差異的特徵便變得無關緊要。羅馬人曾批評北方野蠻人穿馬褲的習慣，這是文化與社會地位的標記。而歧視表現在習俗、宗教、禮儀等層面，尤其是體現在語言的差異上。相反地，當時膚色的重要性遠不如今天。正如國際政治學者愛德華·基恩（Edward Keene）指出，無論在雅典、亞歷山卓城或羅馬，擁有深色皮膚既不是低劣的象徵，也不會成為融入社會的障礙。

他人即地獄

當時在鄉間，「界神[27]」特米努斯（Terminus）的男性形象曾是領土之間界限的象徵，一座金字塔形的石碑上描繪著這位神祇不變

的形象：只有軀幹而沒有四肢，象徵著靜止不動。而個別界碑錯綜交織，聯合構成了一個更大的整體：羅馬帝國，其公民身分有效範圍的終止處，便是所謂蠻夷領土的起點，其中橫亙著一條可見的邊界——羅馬帝國界牆。

從法國大革命期間對旺代（Vendée）區域的鎮壓，到英國本土和美國的帝國主義，同質性的文化和民族認同建構，往往必須經過野蠻的暴力。艾可在其經典著作中審視了這項機制：一旦團結統一的必要性出現，一種無情的機制便會啟動，建構出一個或真實、或虛構的敵人，以扭曲、逆反的形象出現。這正是歐洲文明之初，雅典和斯巴達聯合起來對抗波斯帝國的方式。

國際政治學者安德魯・赫里爾（Andrew Hurrell）則表示，全世界大約有15,000個不同的文化群體。前聯合國秘書長包特羅斯・包特羅斯蓋里（Boutros Boutros-Ghali）在1994年曾說：「如果每個民族、宗教或語言群體都擁有自己的國家，那麼世界的分裂將沒有極限。」若要跳脫出帝國或民族國家的框架，我們究竟應如何劃定這道人我界限？畢竟21世紀的思潮最終有可能得出此一結論：每一個個體都是獨特的，彼此嚮往的事物難以溝通，而真正的邊界是人與人之間的界限。

界限亦有限

儘管歷史長河中充滿了反例，但在某些情況下，帝國的強大和榮耀並不依賴於強加其上的單一法律、宗教或文化體系。舉例來說，居魯士大帝（Cyrus the Great）之後的波斯統治者，其強大和榮耀是以帝國臣民的數量和其文化多樣性來衡量的，在這樣的政治形式中，與「他者」的關係似乎無視任何界限。希羅多德（Herodotes）曾紀錄到，波斯國王不僅能包容不同的習俗和宗教信仰，還會採納他們認為可供學習的部分，例如埃及人的胸甲和短戰袍。

簡而言之，歐洲的命運是否僅被限制在「劃分界限」和「廢除界線」兩個選項上？是否在面對先前僵固、不斷悲劇性碰撞的身分認同和融入永久和平的理想時，會徘徊猶豫？是否必須在施密特和康德之間做出抉擇？將歷史的進程分為「男性化」與「女性化」固然過於簡化，但這兩種世界觀之間的深刻張力不容忽視，且應該被深入探討。在歐洲中世紀時期，由於眾多主權在同一領土上交織，當時的人們可能比現代人更擅於解決這種矛盾，避免彼此重疊的身分最終相互排斥。

> 「如果每個民族、宗教或語言群體都擁有自己的國家，那麼世界的分裂將沒有極限。」
> ——包特羅斯蓋里

第三部 歐洲是個強權嗎？ 101

焦點

　　長久以來，政治認同、文化認同和戰略認同的差異一直困擾著哲學家。盧梭（Rousseau）認為，只有在有限且一致的社群中，才可能產生「人道主義的情感」，但他同時也指出，「愛國主義和人道主義，就其效力而言是兩種互不相容的美德，尤其是在一個民族整體中」。西塞羅（Cicero）則談到「在社會中存在各種不同程度的親近與分離」，從「人類普遍的共同連結開始，逐漸過渡到更具體的連結」，而這些連結在家庭、部落、城邦或民族之間，會稍微更加堅固。因此他認為，若那些「共享城市、論壇、神廟、柱廊、街道、法律、法庭、投票權⋯⋯更不用說各種商業圈、社交圈和友誼圈」的人，彼此之間的道德義務更加強烈，這是完全合理的。本書第二十七頁的圖表顯示，這種情況在至今仍然存在。

---

[26] 這句話出於沙特的劇本《無路可出》，意指他人的存在和看法對個體自我意識產生的負面影響。
[27]「界神」是古羅馬神話中「邊界的保護神」。羅馬人會為了土地的界限樹立界石並祭祀特米努斯，以祈求疆界安定與領地安全。

要點

　　歐洲這片古老大陸，早在當代危機出現之前，就已展露其政治、文化與戰略上的分歧。無論是羅馬、雅典還是亞歷山卓城的統一，往往是在與其內部差異不斷拉鋸的過程中，以暴力為代價換取而來。歐洲最終在 17 世紀發明了「民族國家」，作為人類社群的默認形式，但這個形式同樣是在流血中誕生，並且得益於主權、領土、民族和政府這些概念之間，偶然且前所未見的結合。

歐洲安全戰略

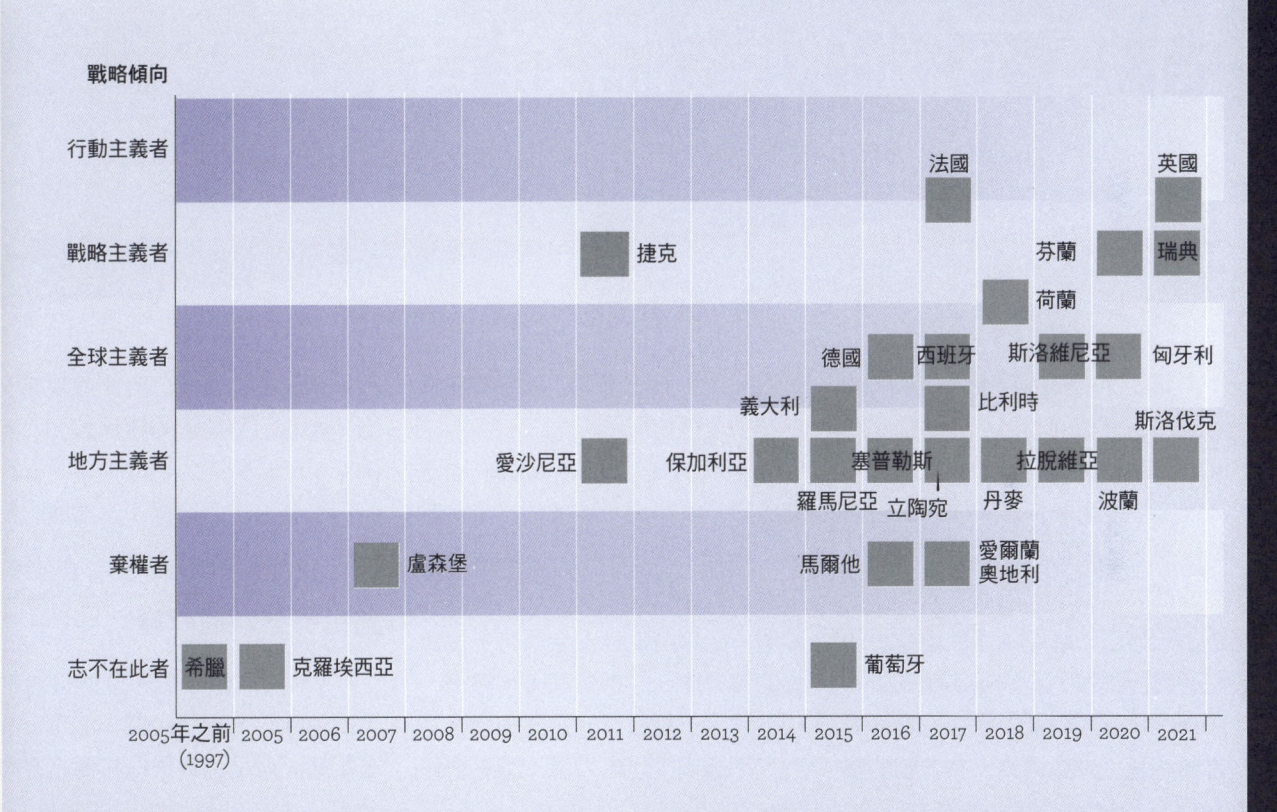

戰略傾向

	2005年之前 (1997)	2005	2006	2007	2008	2009	2010	2011	2012	2013	2014	2015	2016	2017	2018	2019	2020	2021
行動主義者														法國				英國
戰略主義者								捷克							芬蘭 荷蘭			瑞典
全球主義者													德國	西班牙 比利時	斯洛維尼亞			匈牙利
地方主義者							愛沙尼亞				義大利 保加利亞	羅馬尼亞	塞普勒斯 立陶宛		丹麥 拉脫維亞		波蘭	斯洛伐克
棄權者				盧森堡									馬爾他		愛爾蘭 奧地利			
志不在此者	希臘			克羅埃西亞								葡萄牙						

24
持續不斷的戰略雜音

　　歐洲各國在戰略上的關注的點雖然各不相同，但都非常強烈鮮明。法國和比利時對恐怖主義保持高度警惕；而在波蘭和波羅的海沿岸國家，俄羅斯可能入侵俄語地區並進行混合戰爭[28]的潛在威脅，則是生死存亡的議題；南歐國家更關注利比亞和敘利亞的政治動亂；匈牙利則將移民視為對國家完整性的首要威脅。由此可見，在各國的威脅感知中，有一系列非理性的因素在其中發揮作用。

　　若要在歐洲戰略優先事項達成共識，就必須考慮各國在威脅識別和應對手段上的差異。因此為了勾勒出歐洲戰略文化潛在的輪廓，歐盟需要探討歐洲安全策略各個層面的參與者（包括代理人、機構、成員國、一般民眾、企業和產業）對以下幾個主題的看法：戰略合作領域的範圍（例如是內部或外部安全、與北約和美國的關係等）、與國家主權和歐盟的依附程度、歐洲防務應該追求的目標、應部署的民用或軍事工具。

對世界分歧的解讀

　　這種類型的分歧通常會以抽象的地緣政治術語包裝，然而一些主觀的、幾乎是與民族和個人靈魂

親密相關的因素也仍舊存在。這些問題其實非常簡單：對一個國家的領土完整、主權、核心利益或自主性而言，哪些威脅最為鮮明緊迫？這個問題的答案會隨著時代的變遷而有所差異，而在今日的歐洲，不同國家對威脅的優先排序和應對方式也各不相同。

即便彼此對戰略環境的分析一致，歐洲各國的行動手段也不會自動趨同。如果愛沙尼亞發生了重大事件，歐洲人會將目光投向華盛頓、倫敦或巴黎，而非布魯塞爾。美國、英國和法國擁有能夠承擔高強度衝突、有作戰經驗的軍隊，而德國等其他歐洲國家則不然。我們或許可以想像其他歐洲國家另組聯盟，但這些國家的合作並沒有能力應對高強度的軍事侵略。

因此在面對傳統威脅時，大多數歐洲國家首先還是會關注華盛頓的反應。儘管川普的總統任期給美國帶來了取多波折，但從心理和戰略角度而言，美軍依然在歐洲保有其特殊地位。然而在資訊和網路環境日益複雜的情況下，北約是否足夠強大團結，能夠有效應對和阻止未來所有的入侵？而若從政治角度來分析，《北大西洋公約》第五條[29]是否至今依然穩固？

> 「終有一天，你們將在保有鮮明自我特質和輝煌個體性的同時，建立起屬於歐洲的兄弟情誼。」
> ——雨果

混合的戰略身分

像法國這樣的國家，其立場仍然存在某種獨特性。2018年，法國國防部長弗洛朗絲·帕利（Florence Parly）曾多次強調，法國「應當」也「能夠」以自主方式應對所有外部威脅。與此同時，法國總統馬克宏希望在歐洲推動一項雙重進程：首先是拒絕民族主義，因為法國只有憑藉歐洲才能嶄露頭角；其次推動戰略自主，因為歐盟需要巴黎的推動才能構建「強權歐洲（Europe Puissance）」。

焦點

　　今日提出的解決方案，必須超越於短期利益之上，推動建立共同戰略文化的措施。因此歐洲各國必須討論屬於歐洲的安全利益，這些利益在很大程度上，會與各成員國的國家利益重疊：對單一歐洲國家的威脅，最終必然會威脅到其他歐洲國家。國家利益的考量固然重要，但不應成為各國首都之間磋商對話的前提，否則歐洲將無法制定出符合所有人利益的解決方案。這樣的做法是否能夠實現？雨果當年提出直覺式願景：「終有一天，法國、俄羅斯、義大利、英國、德國以及歐洲大陸上所有國家，你們將在保有鮮明自我特質和輝煌個體性的同時，緊密地相互交融，建立起屬於歐洲的兄弟情誼。」

要點

　　若要在歐洲戰略優先事項達成共識，就必須考慮各國在威脅識別和應對手段上的差異。而若要勾勒出歐洲利益的輪廓，則需要通盤考慮各國不同的視角，而非屈服於舊有的最大公因數。

---

[28] 指將常規戰爭、非常規戰爭和其他影響手段相結合，例如網路戰、假新聞、外交、法律、境外勢力干預選舉等等。

[29]《北大西洋公約》第五條是其集體防禦機制的基礎。該條款規定，如果北約成員國中的任何一國受到武裝攻擊，將被視為對所有成員國的攻擊，其他成員國有義務採取行動維護北大西洋地區的安全。

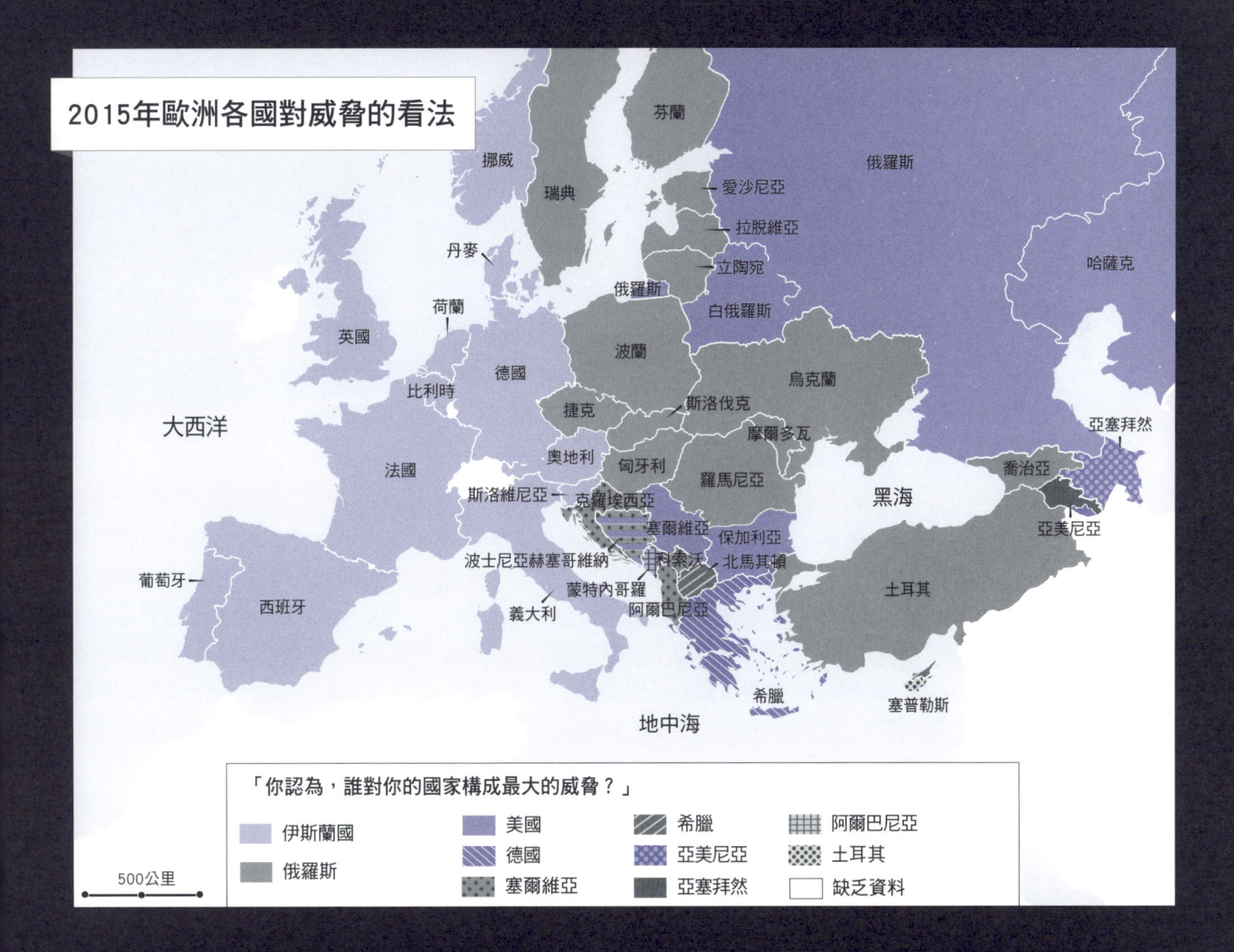

2015年歐洲各國對威脅的看法

「你認為，誰對你的國家構成最大的威脅？」

- 伊斯蘭國
- 俄羅斯
- 美國
- 德國
- 塞爾維亞
- 希臘
- 亞美尼亞
- 亞塞拜然
- 阿爾巴尼亞
- 土耳其
- 缺乏資料

500公里

25 認知失衡的風險

如今，許多歐洲領導人敦促歐盟在國際舞台上承擔責任：德國前總理梅克爾曾呼籲歐洲「掌握自己的命運」，這呼應了她在2017年5月北約峰會後的言論；法國總統馬克宏則在索邦大學、雅典、史特拉斯堡和亞琛發表了四場重要的演講，強調讓歐洲重新振作的重要性；前歐盟執委會主席尚克勞德‧榮克在任期內一直為此努力，而他的繼任者馮德萊恩則主張讓歐盟執委會需具有「地緣政治性」。然而在將各種宣言轉化為行動時，歐洲大陸主要國家的領導人往往莫衷一是，難得達成共識。

只是「宣示性政策」？

2018年4月，美國、法國和英國因敘利亞的巴沙爾‧阿薩德（Bachar Al-Assad）政權使用化學武器，而決定對敘利亞的化學武器庫發動聯合攻擊。然而歐盟的高級代表、歐盟執委會主席和歐盟理事會主席卻未能在外交立場上達成一致。而似乎是為了強調德國矛盾的

立場,梅克爾支持這次協同打擊,但並未參與其中。

隨後,馬克宏和梅克爾分別前往華盛頓,為歐洲的立場進行遊說,但未能改變川普在跨國貿易或與伊朗協議上的立場。德法各行其是的努力讓我們看到,表面的戰略團結只是拿來掩蓋背後的各自為政、各為其利。歐盟的運作方式與當前世界的政治現實存在脫節,但我們難以要求歐洲人民理解這點。歐盟在涉及機制、辭令、流程、工具和手段時,從來不缺乏創意,但卻不是每次都能將點子化為實際行動。歷史經驗顯示,歐盟的本能反應是協調多重利益,並透過規範的力量制定長期行動。但歐洲公民有時期待能夠在短期內看到實質的成效。

言行之間的落差

歐洲干預倡議(European Intervention Initiative)、歐洲防衛基金、歐洲和平機制、永久合作架構、歐盟全球戰略、聯合行動司令部、國家戰略能力協調審查,以及啟動《里斯本條約》第四十二・七條(歐盟成員國之間的共同防禦條款):歐洲國家元首和政府首腦的行動,往往是高層政治所必須的推動力,對各國的行政和軍事體系向前發展至關重要。這背後也需要就夠強大的政治野心達成共識,並同時提

歐盟執委會首次涉足防務問題,象徵性地「跨越了盧比孔河 [30]」。

出一定期望。然而這種政治推動力必須配合具體行動來實現,才不會淪為空洞的框架,導致結果達不到預期時,引起民眾的不滿。

最終,通常是在危機爆發之際,歐洲在軍事領域的言行落差最為明顯。例如,在敘利亞危機等區域衝突中,歐盟的缺席必然削弱其軍事防務方面的可信度。批評者將因此有理由譴責歐洲防務只是一廂情願,歐盟實際上缺乏在戰略環境中採取行動的能力。

焦點

　　2016 年《歐盟全球戰略》報告指出，「歐洲必須在發生危機時，有能力調動所有資源採取行動」。近年來，歐盟執委會運用手上的工具，並透過改變成員國的習慣，試圖指引方向並發揮主導作用。舉例來說，它在 2017 年首次涉足國防研究和軍事資源的資金籌措，象徵性地「跨越了盧比孔河」。憑藉其雄厚的財力，歐盟執委會未來有望能在這個此前從未屬於其職權範圍的領域中扮演領頭羊的角色。

---

[30] 凱薩跨越盧比孔河的事件直接導致他與羅馬元老院對立，並最終讓凱撒成為終身獨裁官，也讓羅馬從共和時代進入帝國時代。因此「跨越盧比孔河」成為諺語，意為破釜沈舟、沒有退路。

要點

　　這些分歧可能會迫使歐洲面對現狀。目前歐洲似乎對中美關係的劇變持消極態度，而並未主動提出自己的議題並根據自身利益行動。通常是在危機爆發之際，歐洲在軍事領域的言行落差最為明顯。長期而言，這可能會削弱歐洲在軍事防務方面的可信度。

歐盟對外軍事任務與行動

歐盟波士尼亞與赫塞哥維納部隊——木槿花行動
波士尼亞與赫塞哥維納
自2004年起

歐盟邊境協防任務
摩爾多瓦和烏克蘭
自2005年起

歐盟駐科索沃法治特派團
科索沃
自2008年起

歐盟諮詢團
烏克蘭
自2014年起

歐盟監察團
喬治亞
自2008年起

歐盟海軍
地中海區域
自2020年起

歐盟諮詢團
伊拉克
自2017年起

歐盟邊境協防任務
利比亞
自2013年起

歐盟邊境協防任務——拉法
巴勒斯坦
自2005年起

歐盟訓練任務
馬利
自2013年起

歐盟巴勒斯坦警察支援協調辦公處
巴勒斯坦
自2006年起

歐盟能力建構任務——薩赫爾地區
馬利
自2014年起

歐盟能力建構任務——薩赫爾地區
尼日
自2012年起

歐盟海軍
亞特蘭特
自2008年起

歐盟訓練任務——中非
中非共和國
自2016年起

歐盟諮詢團——中非
中非共和國
自2020年起

歐盟能力建構任務
索馬利亞
自2012年起

歐盟訓練任務
索馬利亞
自2010年起

圖例：
- 軍事任務或行動
- 非軍事（民事）任務
- 軍事和非軍事（民事）任務

6 項進行中的軍事任務或行動

11 項進行中的非軍事任務

僱員總數超過 **5,000** 人

26 歐洲有軍事能力嗎？

資料顯示，直至 2020 年，歐洲國家總體軍事開支仍然相當於中國和俄羅斯的總和。實際上，歐洲國家的軍事預算也在攀升。隨著烏克蘭危機的爆發、2014 年 9 月紐波特北約峰會，以及巴黎恐攻事件，歐洲防務預算的下降趨勢暫時喊停：東歐、北歐和在西歐部分地區的防務開支都有所增加。德國、法國、荷蘭、波蘭、捷克、斯洛伐克、羅馬尼亞以及波羅的海國家等，都在紐波特峰會到 2015 年 6 月間，宣布增加其防務預算。

然而歐洲的軍事資源主要存在於國家層面，因此這些努力的成果往往顯得分散無力。若歐盟任由二十七個成員國繼續在防務領域中各自為政，可能會危及各國利益，並阻礙其發展現代化軍事的能力。而若歐洲各國無法在國家層級上維持具有一致性的軍事能力，歐洲的政治現狀就會變得岌岌可危，並且進一步對各國的能力儲備、國防工業供應商、武裝部隊的維護、國防工具的協同性等造成負面連鎖反應。

歐洲的軍事能力

然而自 2013 年 12 月以來，歐洲在防務領域的行動上似乎有所覺醒。首先是歐盟執委會在防務領域的重要性顯著增加，儘管這並非其原先的職責範圍。歐盟執委會帶來了寶貴的財政資源，以及多年來眾所期待的政治推動力，而法德雙方在過去並未成功地在這方面發揮作用。歐盟執委會也推動了政治議程，向成員國提出建議、工具和機制，並迫使成員國在防務問題上作出反應、確定立場。有鑑於防務領域中存在的結構慣性，以及歐洲各國過去缺乏實質進展，歐盟執委會在此扮演的角色就非常關鍵。

歐盟成員國可以借鑑於這種大膽的嘗試，向世界展現自己如何利用川普當選和英國脫歐所開啟的機會之窗來構建歐盟，並已產生了實際成果。再者，歐洲從未放棄與周邊世界接軌。

軍事開支

值得關注的是軍事資源領域的發展。2015 年 5 月，法國、義大利和德國簽署了共同開發歐洲中型長航時無人機（MALE）的合作備忘錄。這可以構成一項具有潛力、顯著性且規模宏大的合作案，特別是若其成果能夠進行有效的演練。此外，開發未來的坦克和戰鬥機也已經成為歐洲國家之間協議的主題。另一方面，歐洲防衛局（European Defence Agency, EDA）繼續在網路安全、空中加油、防務器械製造商認證、戰略運輸等領域中進行低調但必要的工作。歐盟在這些領域中的能力缺口，已然影響其制定長期遠景的能力。歐洲作為一個巨大的經濟體，有自己的利益和目標，也應該要能夠根據其政治商業目標，來制定外交政策目標，且這些目標不一定與美國相同。北約在討論各國軍費開支的最低門檻應達到國內生產毛額（GDP）2%，但此舉不一定符合歐洲的利益、目標或願景。歐盟需要為自己的軍費開支建立一套符合自身目標的歐洲敘事。

> **歐盟需要為自己的軍費開支建立一套符合自身目標的歐洲敘事。**

焦點

　　2018 年 7 月，在布魯塞爾北約峰會上，美國總統川普呼籲盟國做出更多努力，並要求其遵守 2014 年做出的承諾：在 2024 年之前，將 GDP 的 2% 用於國防開支。他對德國尤其不滿，指責其對美國存在貿易順差以及國防開支過低。事實上，德國若要符合 GDP 的 2% 門檻，其軍事開支將被迫提高到大約七百億歐元。然而所謂 2% 的目標並不一定符合歐洲的利益，也並不符合歐洲的世界觀：歐洲一向認為，軍事力量並非保障穩定戰略環境的唯一手段。儘管如此，歐洲在試圖挑戰川普所描繪、以交易為主軸的北約願景時，依舊困難重重。

要點

　　然而歐洲的軍事資源主要存在於國家層面，因此這些努力的成果往往顯得分散無力。若歐盟任由二十七個成員國繼續在防務領域中各自為政，可能會危及各國利益、阻礙其發展現代化軍事的能力，並影響到歐洲的長期進程。

歐洲與美國的軍事資源

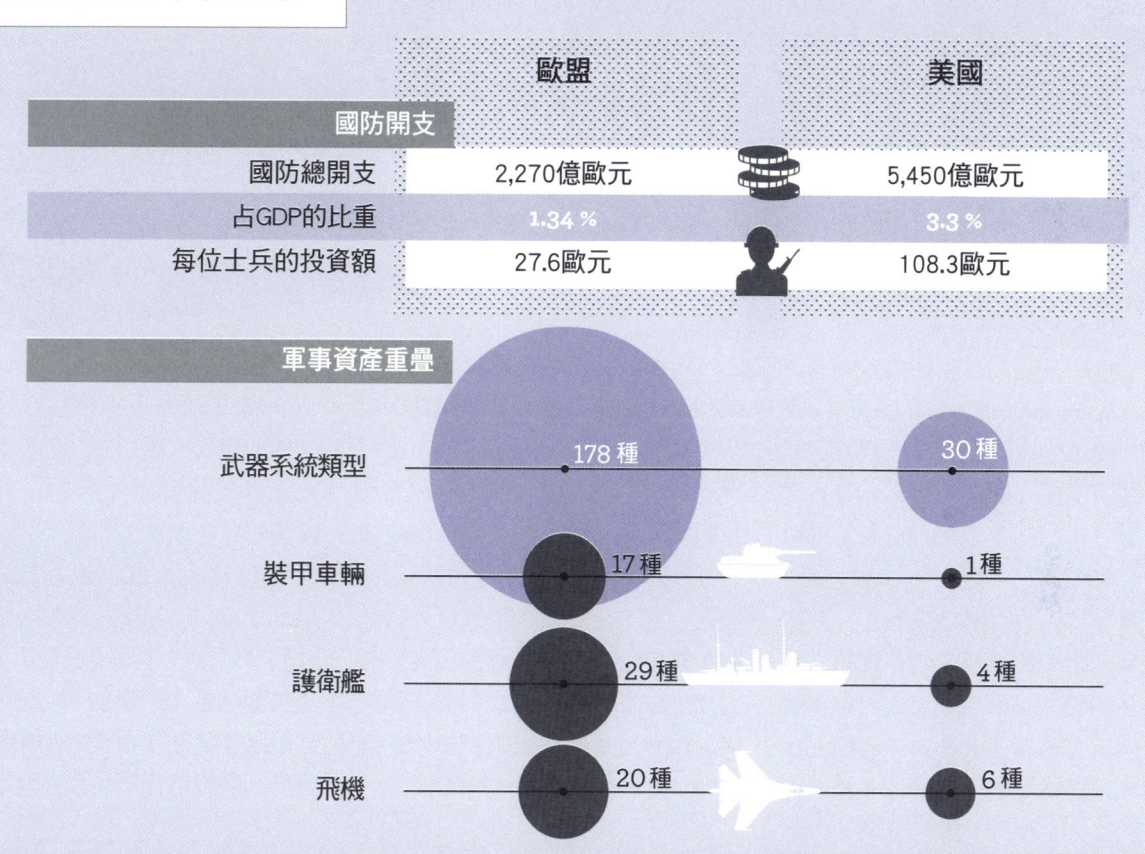

	歐盟	美國
國防開支		
國防總開支	2,270億歐元	5,450億歐元
占GDP的比重	1.34 %	3.3 %
每位士兵的投資額	27.6歐元	108.3歐元

軍事資產重疊

	歐盟	美國
武器系統類型	178 種	30 種
裝甲車輛	17 種	1 種
護衛艦	29 種	4 種
飛機	20 種	6 種

27
美國是歐洲的盟友嗎？

自川普 2017 年 1 月入主白宮後，美國政府退出了《巴黎協定》和《伊朗核問題臨時協定》等多邊協議，使北約蒙上了「交易」的色彩；美國政府也啟動了一場貿易戰，並將爭端擴大到其盟友身上。在歐巴馬任內，跨大西洋兩岸脫鉤原本只是個隱性且深層的議題，但川普這種由美國假定的單邊主義興起，卻使得這個議題浮上檯面。川普向歐洲提出的是一個古老的問題，但卻顯現出前所未有的急迫性，並可能對歐洲造成當頭棒喝：當歐洲利益與美國不一致時，歐洲應如何保護其利益？歐洲大陸是否能重新掌控自己的未來？儘管現實世界的進展不斷地強烈提醒著歐洲，應該努力躋身全球事務主要參與者，但在面對川普政權拋出清晰而緊迫的挑戰時，歐洲依然表現得猶豫不決。

隨著過去十年中各種不確定因素的發展，歐盟有時甚至想要停止思考這個問題。從 2016 年舉世震驚的英國脫歐公投到美國大選，從 2011 年以來愈演愈烈的移民問題到 2008 年金融風暴的後遺症，歐洲在過去十年裡不停努力地克服內外雙重壓力。而如今它正嘗試著以蹣跚不穩的步伐走向未來，進行更具前瞻性的思考。與其隨著外部

衝擊而搖擺不定,歐洲決定嘗試重塑自己的未來。

究竟是自主的歐洲……

在美國決定退出與伊朗核協議、對德黑蘭實施制裁,並從軍事角度加劇緊張局勢之後,巴黎、倫敦和柏林選擇在 2019 年 1 月,採用一種前所未有的金融機制。儘管美國威脅將進行報復,但這項「特別機制」允許某些歐洲公司以歐元與伊朗進行貿易,並且不受美國法律的治外法權的約束。

川普總統則有意對歐盟發動經濟戰,並在 2018 年稱歐盟為「商業上的敵人」。他下令對歐洲的鋼鐵和鋁徵收高額關稅,歐盟執委會則反擊,指責美國的保護主義措施違反了國際貿易規則,並提出了一份商品清單,列舉未來可能徵稅的美國代表性產品,例如波本威士忌和花生醬。面對這些反制動作,川普決定暫緩對歐盟徵稅。這些貿易上的緊張局勢,顯示了美國人和歐洲人在國際體系觀點上的分歧:美國傾向於單邊主義,而歐洲則支持多邊主義。

……還是反應性的歐洲?

歐洲的反應顯得模稜兩可。事實上,川普的作為只是揭開了從前隱而不宣的現實:歐洲不能再單方面依賴美國來保障其戰略利益。為了向前邁進,歐洲主要國家一直在尋求讓歐洲擺脫現狀的方法,2017 年 3 月《羅馬條約》簽署週年紀念日上,歐盟創始國的聲明就表現出這一點。歐盟探討的方向之一,是在防務安全領域中,放棄一直以來堅持的二十七國一體化原則,因為

歐洲大陸是否能重新掌控自己的未來?

此原則過去並沒有產生顯著成果。歐盟執委員會起草的歐洲未來白皮書中,正式提出了這一假設。與此同時,許多中歐和東歐國家希望對川普給予「疑點利益[31]」(Benefit of the Doubt)」,不希望採取任何可能使美國對北約甚至美國安全保障產生懷疑的舉動,才不會讓美國有更多理由進一步質疑北約以及美國提供的安全保障。這麼做將使得任何可能威脅到美國利益的歐洲倡議(特別是在防務方面),在長期的未來中都不可能出現。部分中東歐國家還反對歐盟「彈性整合」或「差異化整合」的計畫,因為他們認為這等同於將歐洲的發展分為兩個層級,讓大國和小國之間產生裂痕,甚至認為這將是歐洲解體的前兆。

焦點

　　從預算角度來看，歐洲可以考慮推動「歐洲 2%」方案，將安全和防務視作超越軍事力量的布局——如同鐵血宰相俾斯麥曾說過：「沒有武器的外交，就像沒有樂器的音樂。」在面對危機時，軍事力量可以發揮決定性作用，但僅有軍事力量並不足夠，還必須與外交、政治和經濟手段相輔相成。再者，「將 GDP 的 2% 用於國防開支」指的純粹是投入的資金，但並未明確規範產生的成果。北約從未成功建立出一套衡量「成果」的標準，以提出預期成效、評估方式和方案目標。從這個角度來看，歐盟大可發展出符合自身需求的方法論。

---

[31] 源自法律術語，意指必須有客觀之事實作為判斷基礎，而非單純藉由臆測來提出被告的罪名。

118　GÉOPOLITIQUE DE L'EUROPE

要點

　　川普向歐洲提出的是一個古老的問題，但卻顯現出前所未有的急迫性，並可能對歐洲造成當頭棒喝：當歐洲利益與美國不一致時，歐洲應如何保護其利益？內部的分歧迫使歐洲勉力維持現狀，它似乎暫時放棄對中美關係的動盪做出反應，也無力主導議題並根據自身利益採取行動。

歐洲是否應該實行自主的外交政策？

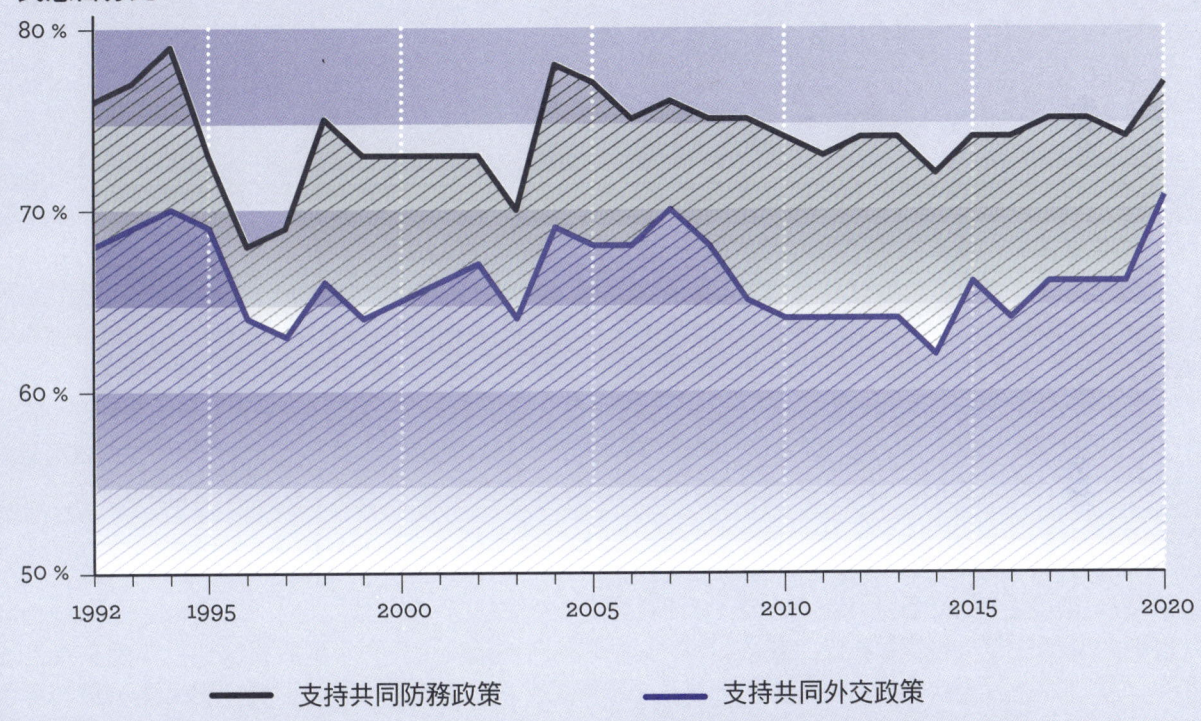

民意百分比

— 支持共同防務政策　　— 支持共同外交政策

28 歐洲之南

自川普 2017 年 1 月入主白宮後，從敘利亞帕米拉（Palmyre）到利比亞的班加西（Benghazi），從烏克蘭到地中海沿岸，從巴黎的街頭到布魯塞爾和哥本哈根的巷尾，危機和衝擊不斷在舊大陸家門口、甚至在歐洲領土內孳生蔓延。歐洲是否有足夠的實力，可以成為其區域環境中具有影響力的策略參與者？歐洲當前的地緣戰略方程式，必須面對三項基本趨勢：歐盟將面對更多危機、擁有更少的行動手段，以及必須處理日益弱化的跨大西洋關係。

更多危機並不一定等同於更大的危險。14 世紀的歐洲經歷了百年戰爭、黑死病和宗教大屠殺，那個時代難道不比我們身處的 21 世紀更危險？然而有一點確實值得注意：歐洲國家之間維繫超過六十年的和平，似乎未能向外延展。正如地理學家米歇爾·富謝（Michel Foucher）所指出，只需要簡單地看看地圖就會發現，當今世界上最根深蒂固的危機，大多數都發生在距布魯塞爾飛行兩到六個小時的範圍內。這些危機的後續效應難以預測，其牽連也加倍複雜。

究竟是衝突圈……

自 2011 年以來，阿拉伯世界的震盪對歐盟南部國家產生了強烈的影響，利比亞政權的解體、

薩赫爾地區的動盪以及葉門的動亂不斷加劇、彼此火上加油。對利比亞干預行動以「保護責任[32]（Responsibility to Protect）」為宗旨，在聯合國安理會的主持下進行，並且獨立於歐盟的共同體機構之外。

這種持續的動盪引發了大量的移民流動，移民試圖不顧一切地登上歐洲海岸，這有時會帶來災難性的後果。2015年4月，九百名非法移民遭遇船難，此事激起了歐洲各國政府和大眾的意識。然而問題的根源在於該地區的不穩定，以及地中海兩岸持續存在的經濟條件差距，而這需要長期方案才能應對。

恐怖主義威脅事實上也發生在歐洲領土的中心：2014年5月在布魯塞爾、2015年1月在巴黎以及11月在哥本哈根發生的恐攻事件，在歐洲民眾心中播下了恐懼的種子，就如同十年前倫敦和馬德里發生的襲擊事件。

歐洲也目睹了伊斯蘭國的突然崛起、大幅擴張、迅速占領土地。在攻占了伊拉克費盧傑（Falloujah）、拉馬迪（Ramadi）和摩蘇爾（Mossoul）等城市後，伊斯蘭國於2014年7月宣布建立一個橫跨伊拉克和敘利亞的哈里發國，其領土不斷擴張，直至2015年5月威脅到敘利亞阿薩德政權。

……還是友好圈？

歐盟的鄰近地區存在許多國家，但對於此地的居民而言，其中許多國家早已名存實亡，或者只是表面上維繫著政權。2003年提出的歐洲安全戰略，曾經意欲在歐盟外圍建立一個「優良治理圈」，但如今這些地區更像是一個「衝突圈」。

在這種日漸動盪的戰略環境中，歐洲國家所擁有的行動手段變得更難以確定。隨著美國將其戰略重心重新定位於太平洋，並逐漸減少在歐洲地區的佈局，全球經濟和軍事力量將由西方轉向其他區域重新分配。

因此從邏輯上講，歐洲國家應該加強其區域環境中的合作。然而歐洲在外交政策和防務領域中建立合作，並不是一個理所當然的過程。這兩個領域觸及各國歷史遺留下來王權式的反射思維，與現代主權分享的邏輯相衝突。此外，目前歐洲的經濟、政治和社會背景，也難免引發各種形式的向內退縮，不利於尋求共同的解決方案。

> 從邏輯上講，歐洲人應該要能在其南方環境中發揮更大的影響力。

焦點

　　根據歐洲議會的定義，「歐洲睦鄰政策（European Neighbourhood Policy）適用於阿爾及利亞、亞美尼亞、亞塞拜然、白俄羅斯、埃及、喬治亞、以色列、約旦、黎巴嫩、利比亞、摩爾多瓦、摩洛哥、巴勒斯坦、敘利亞、突尼西亞和烏克蘭。其目標是使所有鄰國繁榮、穩定和安全。這項政策奠基於民主、法治國家和尊重人權等價值觀。這是歐盟與每個夥伴國家之間的雙邊政策，其內容也包括東部夥伴關係和地中海聯盟等區域合作倡議。」然而歐盟各機構之間缺乏協調，並傾向於以官僚主義而非戰略性的方式面對危機。儘管歐盟擁有許多工具和手段，但世界並非僅由「工具」和「手段」構成，危機通常不會等待歐盟介入才爆發。

---

[32] 指國家有保護其人民免受種族滅絕、戰爭罪的義務；如果一國沒有能力行使此義務，國際社會必須根據《聯合國憲章》採取集體行動。

要點

　　利比亞政權的解體、薩赫爾地區的動盪和葉門的混亂：自2011年以來，阿拉伯世界的震盪不斷加劇、彼此火上加油。這種持續的動盪引發了大量的移民流動，移民試圖不顧一切地登上歐洲海岸，這有時會帶來災難性的後果。然而問題的根源在於該地區的不穩定，以及地中海兩岸持續存在的經濟條件差距，而這需要長期方案才能應對。

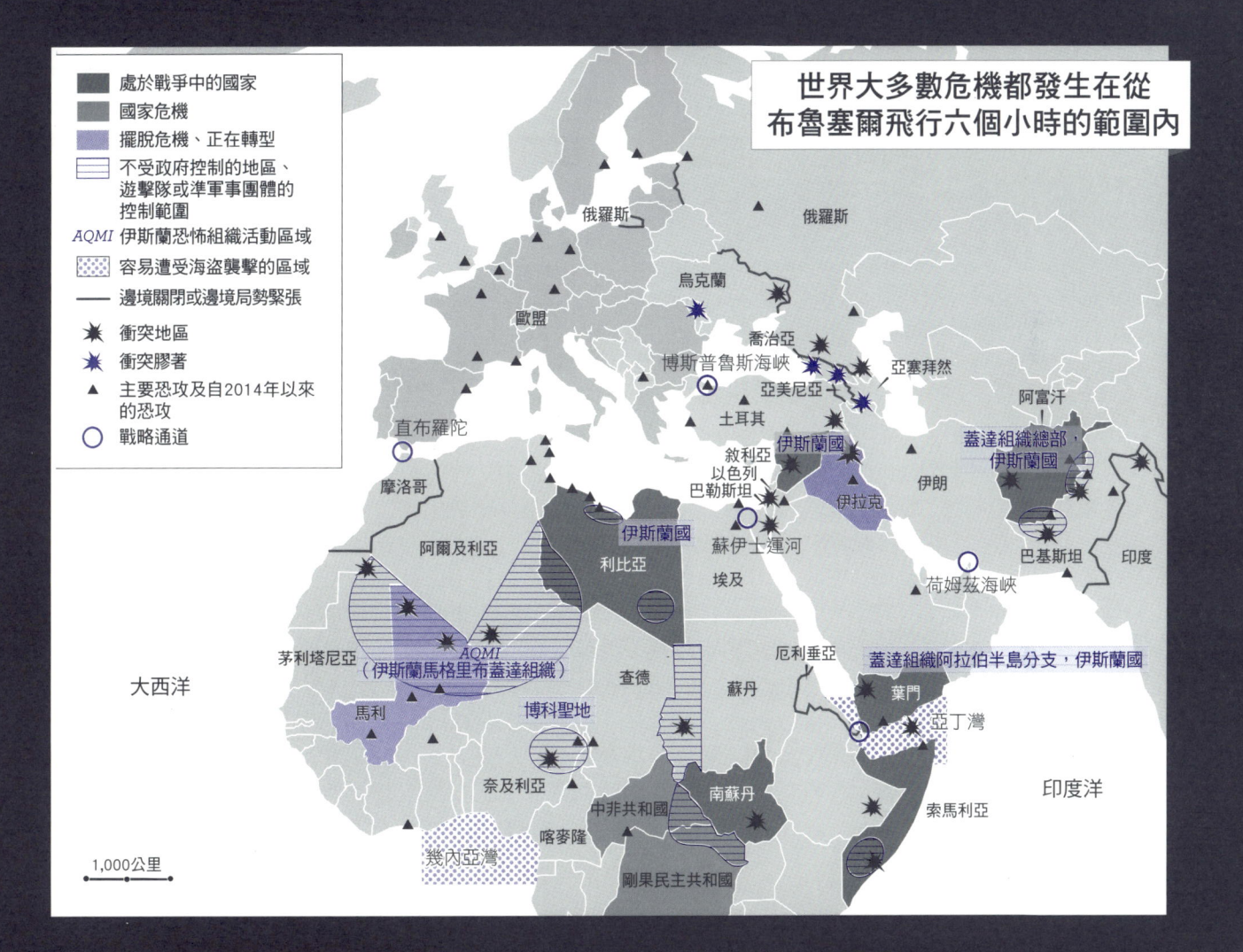

世界大多數危機都發生在從布魯塞爾飛行六個小時的範圍內

圖例：
- 處於戰爭中的國家
- 國家危機
- 擺脫危機、正在轉型
- 不受政府控制的地區、遊擊隊或準軍事團體的控制範圍
- AQMI 伊斯蘭恐怖組織活動區域
- 容易遭受海盜襲擊的區域
- 邊境關閉或邊境局勢緊張
- 衝突地區
- 衝突膠著
- ▲ 主要恐攻及自2014年以來的恐攻
- ○ 戰略通道

地圖標注：

俄羅斯、烏克蘭、歐盟、博斯普魯斯海峽、喬治亞、亞美尼亞、亞塞拜然、阿富汗、土耳其、敘利亞、以色列、巴勒斯坦、伊斯蘭國、伊拉克、伊朗、蓋達組織總部，伊斯蘭國、巴基斯坦、印度、直布羅陀、摩洛哥、阿爾及利亞、利比亞、蘇伊士運河、埃及、荷姆茲海峽、茅利塔尼亞、AQMI（伊斯蘭馬格里布蓋達組織）、查德、蘇丹、厄利垂亞、葉門、蓋達組織阿拉伯半島分支，伊斯蘭國、亞丁灣、馬利、博科聖地、奈及利亞、中非共和國、南蘇丹、索馬利亞、喀麥隆、幾內亞灣、剛果民主共和國、大西洋、印度洋

1,000公里

29
歐洲之東

自 2014 年以來，烏克蘭事件及後續影響嚴重動搖了歐洲的安全架構。2015 年 2 月，在俄羅斯、法國和德國領導人經過協商，艱難地達成了第二份《明斯克協議》，然而這遠遠不能消除人們對局勢的擔憂。不過歐盟至少在面對俄羅斯時，成功維持著政治團結；2014 年俄羅斯吞併克里米亞後，歐盟對俄羅斯採取制裁，儘管義大利領導人薩爾維尼曾主張解除制裁，且 2018 年 11 月在克里米亞附近的亞速海發生了俄烏船隻衝突，但歐盟依然繼續堅持制裁。

這片地區的動盪根源於一段古老且動盪的歷史。俄羅斯聯邦在 1990 年代，主導了獨立國家國協（Commonwealth of Independent States）的建立，這個國際組織匯集了前蘇聯集團中的中亞國家，但不包括波羅的海國家。此一雛形隨後演變為歐亞經濟共同體（Eurasec），不斷加強成員國之間的經濟連結，直到 2015 年歐亞經濟聯盟（EEU）成立。與此同時，俄羅斯的經濟菁英大量投資於巴爾幹地區，特別是在能源、重工業和銀行業等領域。

究竟是擴大……

然而，2019 年 8 月 19 日，德國總理梅克爾為紀念鐵幕倒塌訪問匈牙利時曾表示，歐洲只有在西巴

爾幹國家加入歐盟後，才會真正統一。她宣稱：「無論是從地緣戰略角度看，還是從地圖上看，只有西巴爾幹國家加入，歐洲才能真正實現統一。」

西巴爾幹地區共有六個被歐盟成員國包圍的國家，其中有四個是歐盟的正式候選國：阿爾巴尼亞、蒙特內哥羅、北馬其頓和塞爾維亞；兩個是「潛在候選國」：波士尼亞與赫塞哥維納以及科索沃。然而包括俄羅斯、土耳其和中國在內的國際勢力，也在該地區扮演了重要角色，透過政治影響力和經濟存在對該地區施加影響。前南斯拉夫戰爭顯示，歐盟在其邊界衝突中難以進行軍事反應；歐盟成員國最終只能在北約主導的聯盟中，以分散的方式個別介入。2000年代，歐盟終於作為一個統一勢力出現在前南斯拉夫地區：歐盟在北馬其頓參與了技術援助任務，並擔任警察部隊顧問；2003年至2012年間在波士尼亞進行了法治建設專案，執行自2008年以來法治特派團（EULEX）任務。

這片地區的動盪根源於一段古老且動盪的歷史。

……還是統一？

西巴爾幹國家與歐盟其他國家不同，它們的領土上承載了強烈的身分認同衝突，這些衝突在一系列戰爭中，被進一步激化。該地區的少數民族群體（如吉普賽人、土耳其人、斯洛伐克人、羅馬尼亞人等）在一個宗教信仰雜揉的環境中共存：其中阿爾巴尼亞和波士尼亞大部分國民是穆斯林，伊斯蘭教在政治上占據重要地位，而接壤的塞爾維亞則以信奉東正教為主。

這片複雜的文化民族拼圖，伴隨著激烈的領土、歷史記憶甚至語言之間的衝突，而這些因素都不利於與歐盟建立關係。一個著名的例子，就是北馬其頓與希臘之間的命名爭議[33]，此爭端涉及兩國的文化認同和民族主義，直到2019年1月，北馬其頓共和國才正式得到承認，從而打通了加入歐盟的談判道路。

然而，某些專家對於政治辯論和政治分歧的消失表示遺憾，認為這使得各國政府和反對派都依賴於歐盟執委會制定的路線圖，將布魯塞爾視為唯一的政治觀點。而巴爾幹地區政治菁英，也將親歐洲的論點視為確保自身政治和道德合法性的一種手段，即使這些人背後可能涉及將國家資源私有化、涉嫌參與跨國犯罪案件或展現出獨裁傾向。

焦點

　　關於是否應該開放西巴爾幹國家加入歐盟，存在著許多爭議。對於已經是聯盟成員國的國家來說，每一次擴展都會帶來雙重的棘手問題：一方面來說，存在團結和競爭問題，成員國需要向較貧困國家轉移經濟資源，而各國的標準不對稱（特別是社會標準，即前文提及的社會傾銷）可能引發資本外流；以巴爾幹國家而言，也有可能引發在歐盟機構內部改變政治平衡的風險，尤其是為歐盟內的「非自由主義集團」增援。歐盟執委會最近重申了在歐盟內部維護法治的決心，並將其作為第三國加入歐盟進程的基本要素之一，此舉並非空穴來風。

要點

　　德國總理梅克爾曾表示，歐洲只有在西巴爾幹國家加入歐盟後，才會真正統一：「無論是從地緣戰略角度看，還是從地圖上看，只有西巴爾幹國家加入，歐洲才能真正實現統一。」然而歐洲人在這個問題上仍然意見分歧，以法國為首的某些國家在擴大歐盟之前，先進行鞏固和深化。

---

[33] 由於古代馬其頓在希臘歷史中的地位，以及兩國在民族與文化上的差異，希臘政府強烈反對其鄰邦以「馬其頓」為名。

2020年巴爾幹半島勢力分布

西方勢力

北約
- ◆ 成員國
- ◇ 申請北約資格並參與行動計畫的國家
- ▲ 北約部隊部署（北約駐科索沃維和部隊）

歐盟
- 成員國
- 正申請加入歐盟的國家
- 潛在候選國

俄羅斯勢力
- ★ 與俄羅斯關係緊密
- ☆ 有政治和解的可能

處於緊張狀態的區域
- ✹ 主要局勢緊張地區
- → 主要遷徙路線
- ═ 現有邊境屏障
- ┅ 已宣布或正在建設的邊界加固
- ⚙ 小部分區域設置圍欄
- Grecs 主要少數民族

100公里

奧地利

斯洛維尼亞
盧比安納
塞爾維亞人、克羅埃西亞人、波士尼亞人

匈牙利

羅馬尼亞

札格瑞布
克羅埃西亞
塞爾維亞人

貝爾格勒

波士尼亞與赫塞哥維納
塞拉耶佛
塞爾維亞人、克羅埃西亞人

塞爾維亞
匈牙利、羅姆人、波士尼亞人

尼什基地：塞俄合作

保加利亞

蒙特內哥羅
塞爾維亞人、波士尼亞人、阿爾巴尼亞人

科索沃
波士尼亞人、塞爾維亞人、土耳其人、阿什卡利人

普里斯提納

波德里查

亞德里亞海

地拉那

北馬其頓
阿爾巴尼亞人、土耳其人、羅姆人、塞爾維亞人

斯科普里

義大利

阿爾巴尼亞

希臘
Grecs

30 歐洲與中國

　　中國和歐洲之間的關係，繼承自邊界模糊的古老帝國。首先，歷史上曾有三個橫跨歐亞大陸的帝國勢力：波斯帝國（西元前 6 至前 4 世紀）、由亞歷山大帝國以及其後的希臘化帝國（西元前 4 至前 1 世紀）、最後是阿拉伯穆斯林的哈里發帝國[34]（西元 8 至 10 世紀），包含奧瑪亞王朝（Umayyad）和阿拔斯王朝（Abbasside）。其次，各據一方的羅馬帝國、中國的漢朝與唐朝、中亞的安息帝國和貴霜帝國也分別崛起。歐亞大陸之間最早的交流是圍繞著貿易走廊而進行，其中以「絲綢之路」最具代表性。自 15 世紀以來，葡萄牙、荷蘭、英國和法國等商業帝國的興起，東西方之間的動態關係更加活躍，海上絲路沿線貿易站星羅棋布，將歐亞大陸的兩端聯繫起來。

究竟是經濟紅利……

　　中國重新崛起成為全球大國，這為當代的中歐關係帶來了深刻影響。中國提出的一帶一路計畫，開啟了一系列數額龐大的投資，加強中國與歐亞大陸之間的連通性。一帶一路倡議涵蓋了近六十五個亞洲和歐洲國家，計畫總金額約一兆美元，而其網絡互通的內容，根據經濟學家伊曼紐爾・哈許

（Emmanuel Hache）整理的資料，可歸類為「商業（貿易便利化、降低關稅、協議合約等）、金融（貸款）、人力資源（勞動力、教育），當然還包括基礎設施建設（港口、道路、能源、通訊）」等各項層面。透過對港口和戰略軍事基地（即所謂「珍珠鏈」）的投資，一帶一路計畫重啟了歷史上歐亞大陸的陸上和海上交通。

歐洲為了保護自己的主權並在國際舞台上維持競爭力，希望針對一帶一路計畫制定共同應對措施，然而十七個成員國卻因彼此利益不同，而對中國的策略上產生分歧。2019 年 3 月，法國總統與德國總理在巴黎共同接待中國國家主席習近平，意圖展現歐盟面對中國經濟和戰略挑戰的共同立場；而在這次德法攜手之前幾週，歐盟執委會首次宣稱中國為「體制性競爭對手」。

……還是體制性的競爭對手？

以更廣泛的角度來看，這將涉及到歐洲在中美關係中的地位問題。一方面，中國自詡為國際自由秩序的捍衛者，但同時其國內建構出的社會模式卻比歐洲民主國家更專制。而另一方面，川普執政下的美國在對外關係上，對多邊主義表現出敵視，但其內部的社會特徵依然較接近歐洲自由民主的價值觀。

然而長期以來，美國的外交政策往往以二元對立的方式思考，為自己樹立起一個或真實或虛構的敵人。這就像古希臘犬儒主義的哲學家第歐根尼（Diogène）在雅典街頭尋找「誠實的人[35]」一樣，美國有時在全球範圍內巡視，但似乎不是為了尋找誠實的人，而是為了尋找敵人。正如政治學者葛拉漢·艾利森（Graham Allison）的著作中，在談到修昔底德陷阱（Thucydides Trap）[36] 時曾表示：這種方式有時會使美國霸權一手塑造出它原本希望消除的威脅。

歐洲外交政策究竟是該跟隨美國，還是遵循自己的邏輯？這個古老的大陸究竟該成為一股平衡的力量，還是該選邊站？這是個牽涉科技、貿易和戰略等層面的複雜議題，歐洲交出的答案將在很大程度上，決定歐洲 21 世紀的世界地位。

> 中國重新崛起成為全球大國，這為當代的中歐關係帶來了深刻影響。

焦點

　　15世紀時，許多殖民帝國接連出現。這些殖民帝國的權力集中，並朦朦朧朧地在管理占領的土地時，也受到了這些土地上不同文化的滋養：奧圖曼帝國、明清時期的中國、蒙兀兒帝國、沙皇時期的俄羅斯，它們加強了歐亞大陸之間的交流，但同時也加劇了民族間的對立。沙皇時期的俄羅斯開啟北方通道，因此得以和西伯利亞進行接觸；而歐洲殖民計畫的出現，以種族作為階級劃分的基礎，在全世界各地激起了對立的身分認同。歐洲人和亞洲人藉由反覆的再現和鏡像反射，塑造出對方的形貌，並從而建立起自我形象。

---

[34] 哈里發是伊斯蘭教的最高宗教和政治領袖，由其領導的帝國常被稱為哈里發國。奧瑪亞王朝即是《舊唐書》中所稱的白衣大食。
[35] 據說第歐根尼經常在白天拿著一盞點亮的燈籠，在雅典的大街上聲稱尋找「誠實的人」，此舉象徵他對人性的不信任以及對偽善的揭露。
[36] 艾利森提出的觀念，認為在新興大國與現有霸權競爭時，戰爭不可避免。

要點

　　中國重新崛起成為全球大國，這為當代的中歐關係帶來了深刻影響。為了保護自己的主權，並在國際舞台上維持競爭力，歐洲能否在面對各成員國利益不同的情況下，共同對中國作出回應？以更廣泛的角度來看，這個古老的大陸究竟該成為一股平衡的力量，還是該選邊站？這是個牽涉科技、貿易和戰略等層面的複雜議題，歐洲交出的答案將在很大程度上，決定歐洲21世紀的世界地位。

中國在歐盟內的投資

各國／地區直接投資
（2000至2018年）
以十億歐元為單位

- 超過400億
- 200至400億
- 100至200億
- 50至100億
- 0至50億

中方參股的與策略性企業

- ◆ 為由中國航運巨頭中遠集團（Cosco）全部或部分持有的港口
- ✳ 中方參股公司

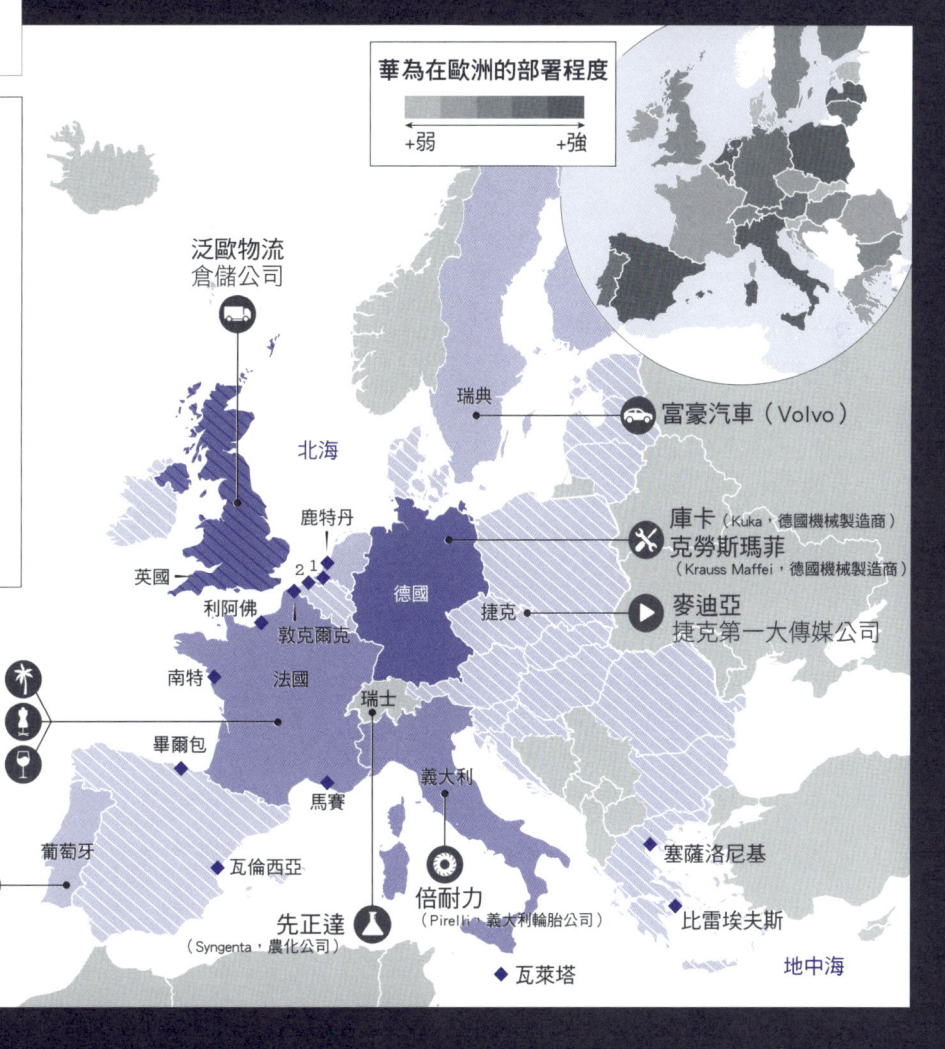

華為在歐洲的部署程度
+弱　　+強

地圖標註

- 泛歐物流倉儲公司
- 瑞典 — 富豪汽車（Volvo）
- 英國
- 北海
- 鹿特丹
- 利阿佛
- 敦克爾克
- 南特
- 法國
- 德國 — 庫卡（Kuka，德國機械製造商）／克勞斯瑪菲（Krauss Maffei，德國機械製造商）
- 捷克 — 麥迪亞 捷克第一大傳媒公司
- 瑞士
- 地中海俱樂部
- 浪凡
- 200個葡萄酒莊園 其中150個位於波爾多
- 畢爾包
- 馬賽
- 義大利 — 倍耐力（Pirelli，義大利輪胎公司）
- 塞薩洛尼基
- 比雷埃夫斯
- 收購葡萄牙能源公司 該國主要電力供應商
- 葡萄牙
- 瓦倫西亞
- 先正達（Syngenta，農化公司）
- 瓦萊塔
- 地中海

500 公里

1. 安特衛普
2. 澤布呂赫

第四部

歐洲的未來會如何？

31 歐洲的三道傷痕

弗洛伊德曾在一場著名的演說中，點出了思想史中三個重要的轉捩點：哥白尼、達爾文與精神分析，這些轉折迫使人類重新思考自己在宇宙中的位置。在 1917 年發表的〈精神分析的困難〉（*Une difficulté de la psychanalyse*）一文中，弗洛伊德聲稱這一系列思想上的轉折點證明了人類「既不是宇宙的中心，也不是上帝造物的中心；既不是歷史不可逾越的終點，甚至也不是其個人行為的絕對主宰」。因此人類不得不放棄己身面對世界時的「自戀幻覺」。

今日的歐洲在自身的尺度上，也面臨著類似的傷痕。2016 年 6 月 23 日，這些傷痕被殘酷地撕扯開來：英國舉辦了留名青史的脫歐公投，在「相互依存」與「遺世孤立」之間游移，最終選擇了割斷自身與歐洲歷史的聯繫。6 月 24 日凌晨，歐盟睜開眼睛時只剩下二十七個成員。

由中心至邊緣

由於這道傷疤是歐洲人民自己動手撕裂的，因此將在歷史中留下深遠的傷痕，而其中影響最持久的，可能正是今日最不易察覺的因素。歐洲需要時間來理解此一事件的嚴重性，並且需要更多時間，才能從中汲取教訓，重新建構共同的未來。然而英國脫歐只不過是最近

期、且最顯著的一次「自戀傷痕」而已；世紀之交以來，世界局勢變遷對歐洲共同體計畫造成了眾多打擊，脫歐只是其中的一小部分。

二十年前，歐洲和美國處於世界的中心點；然而全球勢力加速重新分配，迫使這片古老的大陸承認，它早已偏移出了世界的重心。當年哥白尼證明了地球並不位於宇宙的中心，剝奪了人類的第一項「自戀幻覺」，而科學則為他提供了日心說作為替代模式。然而對今天的歐洲而言，類似的替代方案並沒有出現，它不得不向自己在過去世界中的地位哀然告別，卻尚未確立自身在未來世界中的角色。歐洲仍然有待建構出一種能與民眾和解的政治體系，但每一次成員國國內選舉的結果，卻只能將這個目標越推越遠。

更糟糕的是，英國脫歐確立了一個概念，即當下歐洲的政治整合是可以逆轉的。這是歐洲的第二道「自戀傷痕」：無論有意或無意，今日的歐盟不再能自視為西方歷史的巔峰。相反地，歐盟建立時提出的原則似乎現在能夠輕易地被質疑。申根區逐步解體，伴隨著難民危機、民粹主義的崛起、民眾對社會菁英的不信任、對歐盟創立時主導其機構運行的政治共識的挑戰、對法治的侵犯，以及歐盟對成員國日漸增強的監管。近年來，上述一系列事件表明，短視的技術性管理無法防止歐盟基本價值的瓦解。正如達爾文所言，人類既不是演化史上唯一的特例，更不是其頂點，歐盟如今也無法再將自己視為歷史的終點或例外。

由不可逆反至轉瞬即逝

歐洲的第三道「自戀傷痕」則讓人想起了弗洛伊德的最後一項洞見，並同時可能是其中最隱蔽的洞見：這道傷痕是一種模糊的感知，即歐洲各國人民失去了對自身集體命運的控制，甚至失去了理解世界的鑰匙。這種集體無力感來源於科技的急速變革、金融資本主義加速變動所帶來的混亂，以及氣候變遷背後難以名狀的力量。同時，歐洲領導人未能建構出一種模式，讓其公民既能享受全球化的成果，又不會陷入失重的無力感。

> 隨著一次又一次選舉的推進，歐洲各國民眾越來越傾向於選擇那些「最能夠有效化解大眾對社會地位下降恐懼」的領導人。

焦點

　　與上個世紀不同，今日人類社會的重大發展既不是由政治體制所推進，也並非由主要意識形態所驅動。超國家組織和各國政府似乎不再握有影響事態進程的槓桿，更不用說以積極的方式影響事態的進程。但歐洲民眾卻繼續選擇那些「至少能夠維持住幻想」的領導人：以軍事宣言和短期解決方案為輔助，這些政治人物聲稱能夠將民眾從社會地位下降、對世界失去控制，以及一片暮色的未來中拯救出來。透過一系列的選舉，歐洲民眾所選出的是最能填補這種自戀創傷的領導人。就像佛洛伊德筆下的人類一樣，他們任由自己被非理性衝動所主宰，甚至失去了對自己行為的控制權，這些人可能將引發最暴力的身分衝突。

要點

　　達爾文時代的人們意識到，人類既不是演化史上唯一的特例，更不是其頂點；歐盟如今也意識到自己並非歷史的終點或例外。就像哥白尼時代的人們一樣，舊大陸也不得不承認自己早已不再位於世界的重心。而就像佛洛伊德時代的人們一樣，歐洲公民如今也有這樣的普遍經驗：人們失去了對集體命運的控制，甚至失去了理解世界的鑰匙。

2050年全球經濟強國

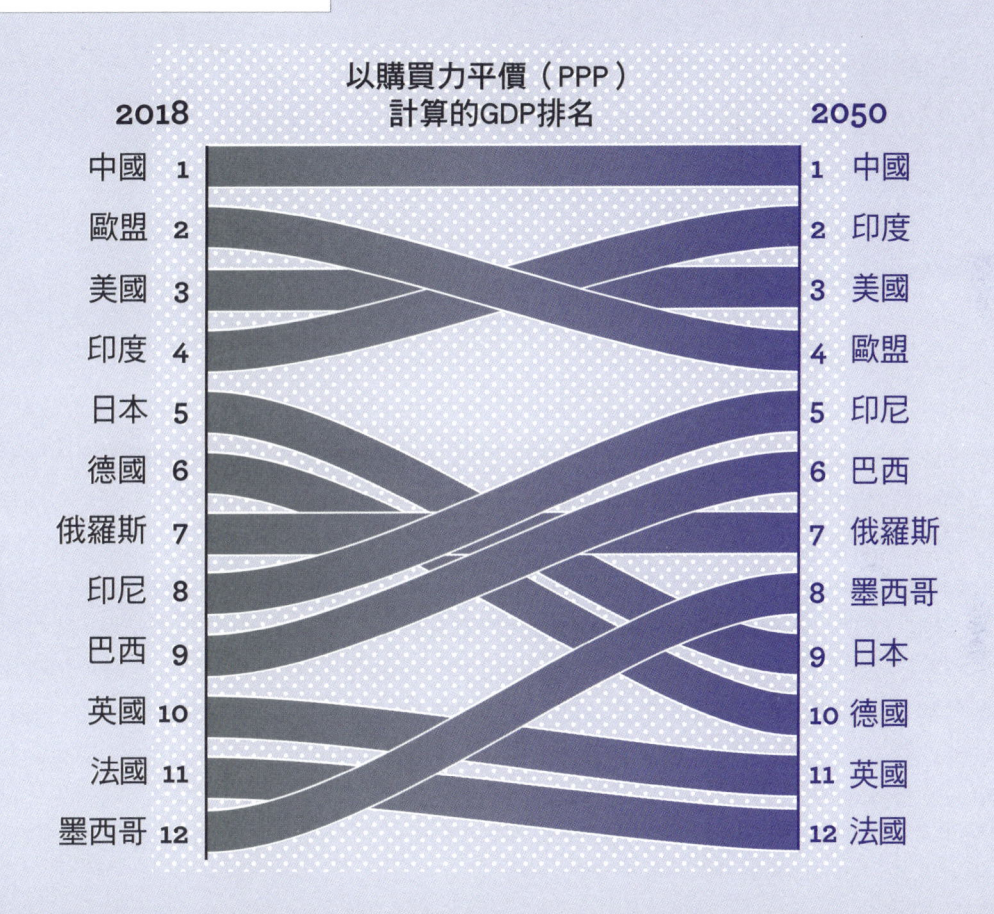

以購買力平價（PPP）計算的GDP排名

2018			2050
中國	1	1	中國
歐盟	2	2	印度
美國	3	3	美國
印度	4	4	歐盟
日本	5	5	印尼
德國	6	6	巴西
俄羅斯	7	7	俄羅斯
印尼	8	8	墨西哥
巴西	9	9	日本
英國	10	10	德國
法國	11	11	英國
墨西哥	12	12	法國

32
歐洲新時代？

「面對一個全然嶄新的世界，我們需要一種新的政治科學。」曾任法國外交部長的亞歷克西·德·托克維爾（Alexis de Tocqueville）的這句名言，放在18世紀與19世紀激烈的政治與工業革命背景下，最容易令人理解。然而若我們簡單地回顧歐洲的思想史，就能發現此一觀點似乎歷來就被政治思想家們所認同——從亞里斯多德到施密特，從馬基維利到國際關係理論家伯特蘭·巴迪（Bertrand Badie）。巴迪認為「我們並不知道自己正處於怎麼樣的國際體系中」。任何時代的重大變革——無論速度快慢、程度明顯或隱晦——很難被及時、完整地理解，往往令人感覺我們對這些變遷的認知是延遲、零碎且不完全的。

我們今日所處的世界並非例外：它同樣正經歷著劇烈的政治與科技變革，也似乎同樣難以為世人所理解。現在許多人將21世紀與1930年代的歐洲、西發里亞時期、動盪的15世紀義大利、甚至宗教改革相互比較，也提出了對多邊主義危機、歷史的回歸、西方的衰亡、歐洲規範模式的勝利或消亡、跨大西洋共同體的終結，或無多邊主義的多極化的相關討論。

是起點的結束……

從主流觀點來看，我們的時代有時被視為朝向國際自由秩序邁進，或者被視為正處於過渡階段的自由秩序。民族主義和身分政治的復興——伴隨著強勢領導者如川普、雅伊爾·博索納羅（Jair Bolsonaro）、薩爾維尼、羅德里戈·杜特蒂（Rodrigo Duterte）、普丁、奧班、穆罕默德·穆爾西（Mohamed Morsi）或艾爾段的上台——可以被理解為對國際自由主義的持續抗爭，也可以正如巴迪所言，被視為對一個「全球治理超越國家政府，擴展到市場、民間社會和人際網絡的世界」強力但短暫的暴烈反應。

從這個角度看，這個世紀的開端確實與上世紀末的預期相去甚遠：當時經濟全球化被視為政治全球化的先兆，人們預期市場開放將會增加國際間的相互依賴，拉近各國人民的距離，創造財富並促進國際間的理解。人們也相信科技會促進溝通的發展，使知識增產，打破文化障礙，增進各國、各大陸，與各種政治機構之間的信任與理解。

……還是結局的起始？

然而 21 世紀並沒有達成這些預期。全球化大幅增加了國家和大陸的財富，但同時也加劇了大陸內各國的不平等；全球化一方面讓人際關係更加緊密，另一方面卻引發了強烈的政治反彈；全球化使民主實踐更容易普及，卻也播下了民粹主義的種子。隨著世界經濟一體化和科技連結不斷增強，人們對民主的耐心不斷減弱，政治極端化的現象加劇。社會在某些方面更加開放，但在其他方面則變得比以往更加封閉。在扮演全球重要角色的國家如中國、俄羅斯和巴西，威權資本主義（Authoritarian Capitalism）日漸興起，或者已然鞏固。

> 「全球化或許已經進入了所謂的『第二階段』。」——巴迪

從川普的保護主義經濟政策，到歐洲國家之間糾纏不清、難以互信的緊張關係，單邊主義的復甦似乎影響了當今民主國家的所有層面，無論是在對外還是對內的政策上。這種自由單邊主義的崛起引發了一股離心力，將社會分裂成許多小團體，彼此根據情況、議題或短期利益進行聯盟。

焦點

雨果曾寫道：「總有一天我們會看到兩個巨大的集團，美利堅合眾國和歐羅巴合眾國，彼此面對面，越過高牆牽起手來。這一天不需要等待四百年才能到來，因為我們生活在一個快速的時代……在我們這個時代，有時候能在一年裡完成一個世紀的工作。」而面對這項抱負，21 世紀將占據什麼樣的位置呢？作家班傑明・尤達（Benjamin Judah）曾論斷，我們很難在世紀之交預見「文化變遷會引發反自由主義的反應，使奧班而非歐巴馬成為歐洲領導人的潮流」，以至於「那些不自由、專制且強硬的領袖不但沒有消失，反而日漸增加」。

要點

21 世紀並沒有達成上個世紀結束時人們的預期。全球化大幅增加了國家和大陸的財富，但同時也加劇了大陸內各國的不平等；全球化一方面讓人際關係更加緊密，另一方面卻引發了強烈的政治反彈；全球化使民主實踐更容易普及，卻也播下了民粹主義的種子。隨著世界經濟一體化和科技連結不斷增強，人們對民主的耐心不斷減弱，政治極端化的現象加劇。社會在某些方面更加開放，但在其他方面則變得比以往更加封閉。

各區域不平等的全球化整合程度

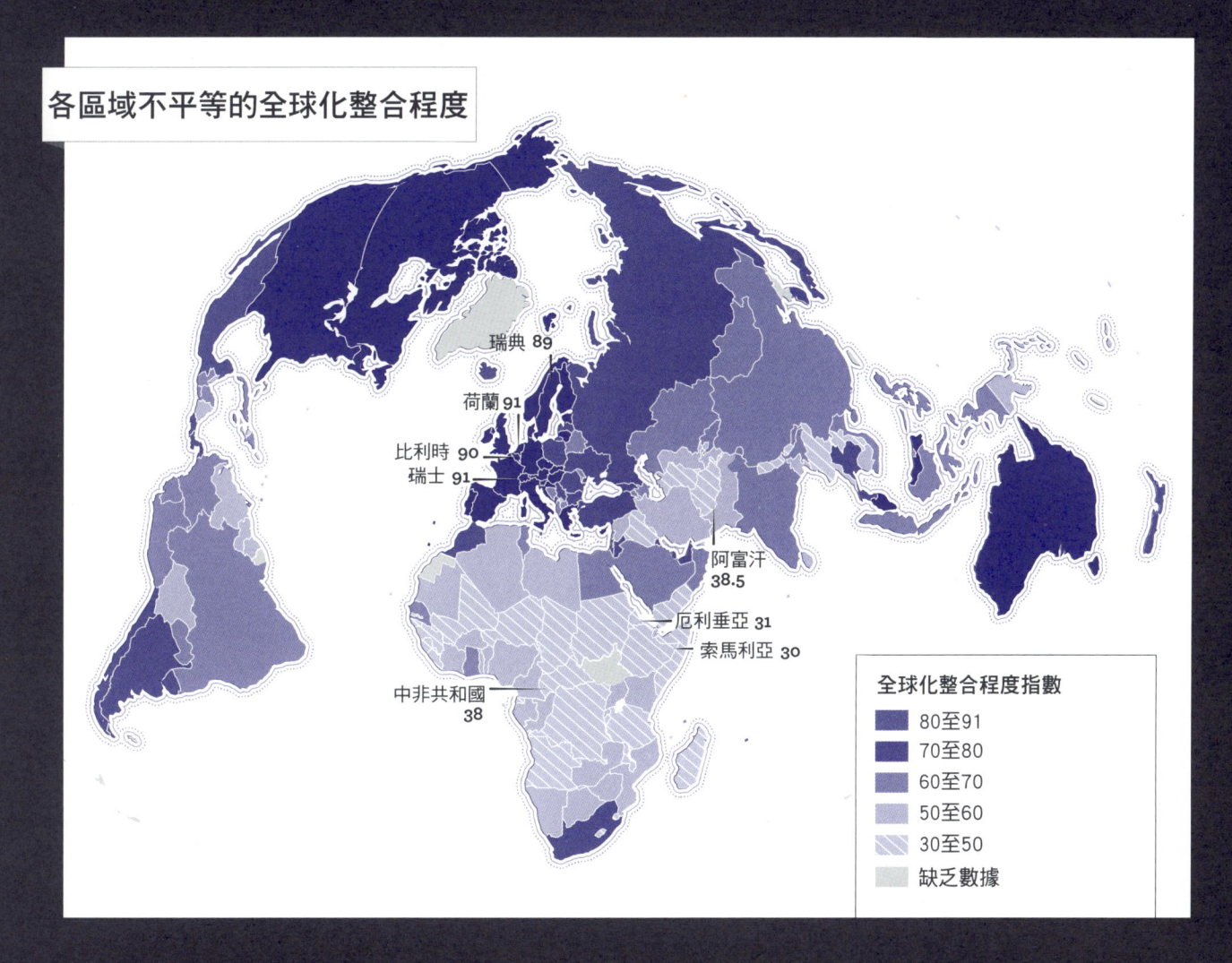

- 瑞典 89
- 荷蘭 91
- 比利時 90
- 瑞士 91
- 阿富汗 38.5
- 厄利垂亞 31
- 索馬利亞 30
- 中非共和國 38

全球化整合程度指數
- 80至91
- 70至80
- 60至70
- 50至60
- 30至50
- 缺乏數據

33
歐洲：「巴爾幹化」世界的前兆還是壁壘？

英國脫歐、川普當選美國總統、民粹主義以及歐洲的移民危機，這些同時期發生的現象，是當今兩極分化世界中特別值得注意的徵兆，讓我們見到當前的世界更傾向於單邊主義，而不是多邊解決方案。2017年1月川普上台之後，美國退出了伊朗核協議、巴黎氣候協議、打擊伊斯蘭國的敘利亞聯盟，也退出多個聯合國機構，包括聯合國教科文組織和世界衛生組織，還退出了《中程核導彈條約》。川普同時質疑跨大西洋聯盟的穩固性，並對歐洲夥伴發動貿易戰。川普對世界政治的交易式手法，正是短期國家目標凌駕於長期集體利益最顯著的徵兆，也標誌著零和博弈取代了雙贏外交，權力鬥爭勝過了共同解決國際問題的方案。

單邊主義是唯一出路？

對舊大陸而言，歐盟所代表的多邊主義模式及共識決策過程，正面臨嚴峻考驗。歐洲內外都面臨著「強人」領導者的崛起——從艾爾段到普丁，再到薩爾維尼——這些領導者承諾回應選民的關切，而

他們的選民擔心在面對越來越難以預測的世界時，失去對未來的掌控權。

2014 年，榮克將他歐盟執委會主席的五年任期，稱為拯救歐洲共同體計畫的「最後機會」。兩年後，英國公民投票決定退出歐盟，而美國總統則公開表示這是「一件好事」。

政治上的「巴爾幹化[37]（Balkanisation）」分裂傾向癱瘓了歐盟達成共識決策的能力。在過去的十年裡，歐元區和債務危機引發了強烈的區域緊張，也揭露了歐洲內部顯著的區域差異。自 2014 年起，烏克蘭危機導致歐洲的東西兩方之間出現重大的地緣政治分歧，而移民危機則在歐洲的南北兩方之間引發了緊張局勢。以更廣的角度來看，隨著連續不斷的危機，政治權力逐漸從歐盟執委會轉移到各國首都和歐盟理事會。在一個分裂的大陸上，歐盟的集體機制比從前更難以制定出能帶來共同附加利益的政策。

> 各國的短期國家目標凌駕於歐洲長期的集體利益，零和博弈取代了雙贏外交。

多頭馬車

這種不確定性、波動性和失控感引發了強烈的政治反應。人們普遍感受到政治領導人難以應對日益增強的相互依存性，這使得許多歐洲國家的人民想要掌握更多的政治發言權。

這些舉措有時被視為民粹主義的表現，有時則被解釋為支持自決權的積極政治努力，試圖從不可控的力量手中，奪回屬於人民的政治未來。這種失控感在歐洲最明確的體現形式，就是波蘭、奧地利、匈牙利和義大利選出了有極權傾向的國家領導人。整體而言，這加劇了歐盟達成共識決策的困難。

第四部　歐洲的未來會如何？　143

焦點

　　歐洲在內部的微小分歧上所花費的精神，在面向外部世界時便難以繼續維持，正如法國外交強人塔列朗（Talleyrand）的名言，「我看向自己時，感到沮喪；但我與他人比較時，卻感到安慰」。中國在新冠疫情期間，對世界和本國公民缺乏透明度的問題，無法讓其夥伴感到放心。大西洋彼岸，美國總統川普固執地堅持單邊主義的路線：在對所謂的「中國病毒」口誅筆伐後，他在疫情期間暫停了對世界衛生組織投注的資金，對移民關閉了邊界，並試圖收購一家正在研發新冠疫苗的德國公司，而這項舉措在歐洲引發了一系列憤慨。

---

[37] 源自於歐洲東南部的巴爾幹半島，該地區由於地理環境複雜、多民族、宗教文化多樣，加上外國勢力的干涉，導致該區長期分裂和衝突。「巴爾幹化」指一個較大的國家或地區分裂成較小的國家或地區的過程，這些分裂出來的小國或地區之間關係緊張甚至敵對。

要點

　　政治上的「巴爾幹化」分裂傾向癱瘓了歐盟達成共識決策的能力。在過去的十年裡，歐元區和債務危機引發了強烈的區域緊張：歐洲的東西兩方之間出現重大的地緣政治分歧；而歐洲的南北兩方之間，則因為移民問題而引發了對立。在一個分裂的大陸上，歐盟的集體機制比從前更難以制定出能帶來共同附加利益的政策。

移民對歐洲邊境的影響

申根區
- 2015年暫時恢復邊境管制的國家
- 2015年恢復邊境管制計畫

歐洲的庇護申請
（2014年10月至2015年9月期間的庇護請求數量）
- 超過100,000
- 50,000至100,000之間
- 10,000至50,000之間
- 1,000至10,000之間
- 少於1,000

申根區、挪威、瑞典、芬蘭、丹麥、愛沙尼亞、拉脫維亞、立陶宛、荷蘭、比利時、德國、波蘭、捷克、斯洛伐克、法國、奧地利、匈牙利、義大利、斯洛維尼亞、葡萄牙、西班牙、希臘、大西洋、地中海、黑海

500 公里

34
英國的未來會如何？

在脫歐之地上，英國首相德蕾莎·梅伊（Theresa May）希望人民能夠挺身而出指責國會，然而她執政的合法性正來自於國會。負責各機構的的部長們，則對自己的政府在議會提出的議案投下反對票。英國最有影響力的報紙，將最高法院的法官稱為「人民的敵人」，指責國會「威脅英國的主權」，並將下議院議長描繪成「脫歐的破壞者」。

歷經三年，英國脫歐決議似乎「讓這個國家充滿了激烈的仇恨」，正如托克維爾曾在《民主在美國》（De la Démocratie en Amérique）一書中所述，「政治中最難以理解和評估的，往往是發生在我們眼前的事情」。

人民之聲，上帝之聲 [38]

實際上，正是大衛·卡麥隆（David Cameron）自 2013 年起所表現出的狂妄與輕率，為英國所經歷的這場心理劇（Psychodrama）奠定了場景。英國直到很晚才終於意識到，歐盟成員對這樣複雜的問題抱持懷疑態度的起步甚晚。然而卡麥隆這位前任首相仍然決定將這項議案提交公投，卻沒有給予英國機會，進行一次平靜且理智的辯論，這與當年決定蘇格蘭命運的辯論大相逕庭。

或許這就是英國的命運──

這個國家發明了代議制民主,卻突然間選擇不再信任這個政治模式。梅伊所繼承的是一場發生在「代議制」和「全民公投」兩種邏輯之間、難以消解的對立,而她所屬的政治體制無法針對二者進行調和。無論公投結果是否損害國家的核心利益,梅伊都無權推翻,以至於她幾乎別無選擇,只能遵循卡麥隆的初衷一路向前,否則英國與其政治制度間將會撕裂出一道鴻溝。

大英帝國,小英格蘭

英國社會在三年間分裂出許多對立的身分認同:倫敦與其他英格蘭地區、英格蘭與英國其他地區、英國與歐洲、年輕人與老年人、富裕階層與較脆弱的階層。各地區間的分裂非常明顯:英格蘭和威爾士分別以 53％和 52％的比例支持脫歐,而蘇格蘭、倫敦和北愛爾蘭則分別以 62％、59％和 56％的比例選擇留在歐盟。

而世代間的意見分歧同樣尖銳,並且在英國社會中留下了深刻的痕跡。在十八至二十四歲的年輕人中,有 64％表達了對歐盟的支持,他們很可能認為,一群曾經歷過「黃金時代」的嬰兒潮老人正在替他們決定未來。社會經濟階層的分裂同樣明顯:一個人的家庭背景越優越,就越可能投票選擇留歐。

儘管 2020 年 12 月英國和歐盟之間達成了一項自由貿易協定,但雙方之間仍存在巨大的互不理解,這也反映出英國內部整體的政經矛盾:英國一方面希望在經濟上向全球開放,但另一方面又希望在文化上保護自己的國家認同。

> 脫歐讓英國充滿了激烈的仇恨。

第四部　歐洲的未來會如何？　147

焦點

　　對英國脫歐議題的社會人口統計變數進行分析後顯示，對歐盟的依附感相對具有菁英主義色彩。失業人口、經濟困難者、自認為屬於工人階級的群體，或是在十九歲（甚至十五歲）之前就停止學業的個人，往往對歐盟的依附感較低。這可以解釋為這些群體較難享受到歐洲流動性計畫或單一市場所帶來的明顯利益。保羅‧馬涅特（Paul Magnette）指出，不可否認地，歐洲的身分認同僅環繞於那些受益於歐盟的「歐洲公民」身邊，這些人享受過「伊拉斯謨計畫」[39]，經常乘坐「歐洲之星」旅行；而較為貧困的階層卻遠離這種流動性所帶來的機會，並更普遍地受到全球化動態的負面影響。受過教育、積極參與社會活動的公民，比普通群眾更能夠接受歐盟作為一種在國家之外的附加身分認同。

---

[38] 原文「VOX POPULI, VOX DEI」是拉丁語諺語，直譯為「人民的聲音，就是神的聲音」，指民意具有神聖的權威與正當性，暗示人民的意見或決定應被尊重和聽從。
[39] 即歐盟交換學生計畫，受到歐盟的財務補助。

要點

　　英國內部仍存在矛盾，一方面希望在經濟上向全球開放，但另一方面又希望在文化上保護自己的國家認同。這使其在大英帝國和小英格蘭之間搖擺不定。

英國與歐盟關係的演變

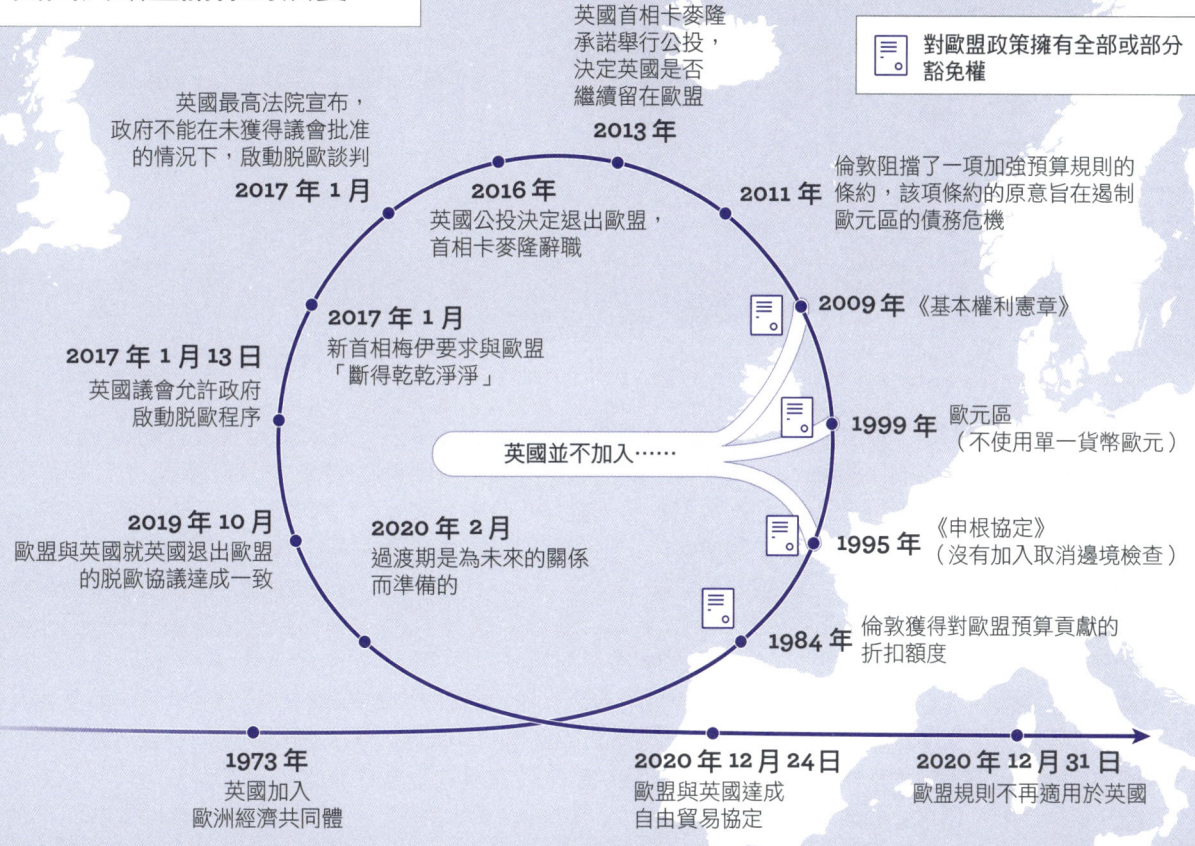

對歐盟政策擁有全部或部分豁免權

- **2013 年** 英國首相卡麥隆承諾舉行公投，決定英國是否繼續留在歐盟
- **2011 年** 倫敦阻擋了一項加強預算規則的條約，該項條約的原意旨在遏制歐元區的債務危機
- **2009 年**《基本權利憲章》
- **1999 年** 歐元區（不使用單一貨幣歐元）
- **1995 年**《申根協定》（沒有加入取消邊境檢查）
- **1984 年** 倫敦獲得對歐盟預算貢獻的折扣額度

英國並不加入……

- **2017 年 1 月** 英國最高法院宣布，政府不能在未獲得議會批准的情況下，啟動脫歐談判
- **2016 年** 英國公投決定退出歐盟，首相卡麥隆辭職
- **2017 年 1 月** 新首相梅伊要求與歐盟「斷得乾乾淨淨」
- **2017 年 1 月 13 日** 英國議會允許政府啟動脫歐程序
- **2019 年 10 月** 歐盟與英國就英國退出歐盟的脫歐協議達成一致
- **2020 年 2 月** 過渡期是為未來的關係而準備的

- **1973 年** 英國加入歐洲經濟共同體
- **2020 年 12 月 24 日** 歐盟與英國達成自由貿易協定
- **2020 年 12 月 31 日** 歐盟規則不再適用於英國

35
英國足球隊：歐洲矛盾的前哨站？

足球在歐洲人日常生活中無所不在，它既能展現人們如何體驗自己身分認同的矛盾，同時也是打造新歐洲身分的熔爐。

究竟是正面衝突……

世界上最受歡迎的足球聯賽是英國的英超聯賽，在整個歐洲大陸都有大量觀眾追捧。夾在當地支持者的本地身分認同與國際支持者的身分認同之間，英超是個典型充滿張力的場域，例如每次曼聯主場比賽時，國際支持者都會擠滿看台。這種張力普遍存在於所有歐洲足球聯賽中，但在英國脫歐後卻變得更加尖銳。

舉例來說，曼城俱樂部就體現了這種矛盾。作為一個全球品牌，曼城俱樂部擁有強大的財力，因此吸引了國際上最優秀的球員。與此同時，曼城的主教練佩普·瓜迪歐拉（Pep Guardiola）是加泰隆尼亞政治獨立運動的支持者，而其球迷中有許多來自工人階級的曼徹斯特人。曼徹斯特這座城市在脫歐公投中多數支持留歐，但其周邊鄉鎮卻幾乎全部投票支持脫歐。此外，俱樂部的股東——阿布達比的主權基金——曾因參與已夭折的歐洲超級聯賽計畫，而受到財政公平競賽制度的制裁，原因是俱樂部的財務長被認為過於「外來化」、不夠「有機」。因此我們可說，曼

城俱樂部似乎集中體現了英國模式中所有的矛盾。

從政治角度來看，這是倫敦金融城（City of London）的國際經濟邏輯與強森主張更具限制性的移民政策之間的對立，而強森的政策實際上是延續了梅伊當初反對「世界公民」的政治言論。脫歐明確地揭示了英國內部隱含分歧的兩個群體：一方是支持市場邏輯和向國際人才開放本地經濟的群體；另一方則認為這種追求利潤的競爭無法持續，並認為足球俱樂部應該努力保存其在地認同。這種矛盾可以從卡地夫城足球隊前教練尼爾·沃諾克（Neil Warnock）對脫歐的發言中窺見一斑：「我才不管其他國家怎麼樣！」然而，卡地夫城的所有者是馬來西亞人陳志遠（Vincent Tan），其主席梅米特·達爾曼（Mehmet Dalman）則具有土耳其和塞普勒斯血統。

這同時也是英超聯賽與英格蘭足球總會（The Football Association）之間的矛盾。足球總會站在國家層面上思考，其重心在於發展英格蘭國家隊的人才庫，因此希望藉由脫歐促使英超俱樂部增加英格蘭球員的比例，以便長遠地增強國家隊的實力。

相反地，英超聯賽則遵循經典的自由經濟邏輯，對全球各地的頂尖人才敞開大門。英超是英國最重要的「產品」之一，不僅在財務上為國家帶來大量收益，還提升了英國的軟實力，因此英超難以適應對移民簽證限制的嚴格管控。

⋯⋯還是有益的緊張關係？

然而，這種直接矛盾也可能轉化為財富。舉例來說，利物浦足球俱樂部就呈現出一種成功的形象，得以在經濟全球化與政治社會在地化之間取得平衡（這類似於德甲的多特蒙德，或強調自己加泰羅尼亞根源的巴塞隆納俱樂部）。利物浦俱樂部擁有全球性的品牌影響力，甚至曾試圖將「利物浦」註冊為商標（雖然並未成功）。俱樂部的教練是公開表態反對脫歐的德國人尤爾根·克洛普（Jürgen Klopp），而其股東是美國的芬威體育集團（Fenway Sports Group），並且擁有像薩迪奧·馬內（Sadio Mané）和穆罕默德·薩拉赫（Mohamed Salah）這樣名氣響亮且備受推崇的穆斯林球員。

儘管如此，利物浦與在地城市的連結依然非常緊密，這與其碼頭經濟的歷史、希爾斯堡慘劇（Hillsborough Disaster）的記憶[40]、對《太陽報》的排斥（這個傳統如今由教練克洛普繼續延續）以及城市工人階級的身分認同息息相關。就利物浦而言，這些看似矛盾的背景似乎並不造成問題，這些不同的「認同圈」反而能夠相互扶持，而非互相排斥──而這份經驗是否能為歐洲共同體計畫提供一條弔詭但務實的途徑？

焦點

　　關於在地身分認同的問題，英國的「英超聯賽」（第一級聯賽）和「英格蘭足球聯賽」（較低級別的聯賽）之間，展開了一場有啟發性的辯論。許多不再認同英超的當地球迷轉而支持較低級別的聯賽隊伍。英國的低級別聯賽於是成為能發明出替代模式的有趣場域，特別是透過球迷信託基金的發展：球迷信託基金屬於非營利組織，其目標是對俱樂部的治理施加影響，並在情況允許時購買俱樂部股份，甚至成為所有者。舉例來說，特蘭米爾足球俱樂部（Tranmere Rovers Football Club）的球迷信託基金持有1%的股份，主席本·哈里森（Ben Harrison）表示：「我們持有俱樂部的1%股份，這讓我們可以在董事會中擁有一席之地，並對某些決策產生影響。」因為「英超俱樂部的管理者將球迷視為顧客而非支持者，我們不希望這種模式污染其他聯賽」。

---

[40] 於1989年4月15日在希爾斯堡球場發生的踩踏事故，造成九十七名利物浦球迷死亡。

要點

　　足球明確地體現英國內部隱含分歧的兩個群體：一方是支持市場邏輯和向國際人才開放本地經濟的群體；另一方則認為這種追求利潤的競爭無法持續，並認為足球俱樂部應該努力保存其在地認同。然而在某些情況下，這些矛盾似乎並不造成問題；相反地，這些不同的「認同圈」能夠相互扶持，而非互相排斥 —— 而這份經驗或許能為歐洲建設找到一條務實可行的途徑？

足球的全球化（2020年數據）

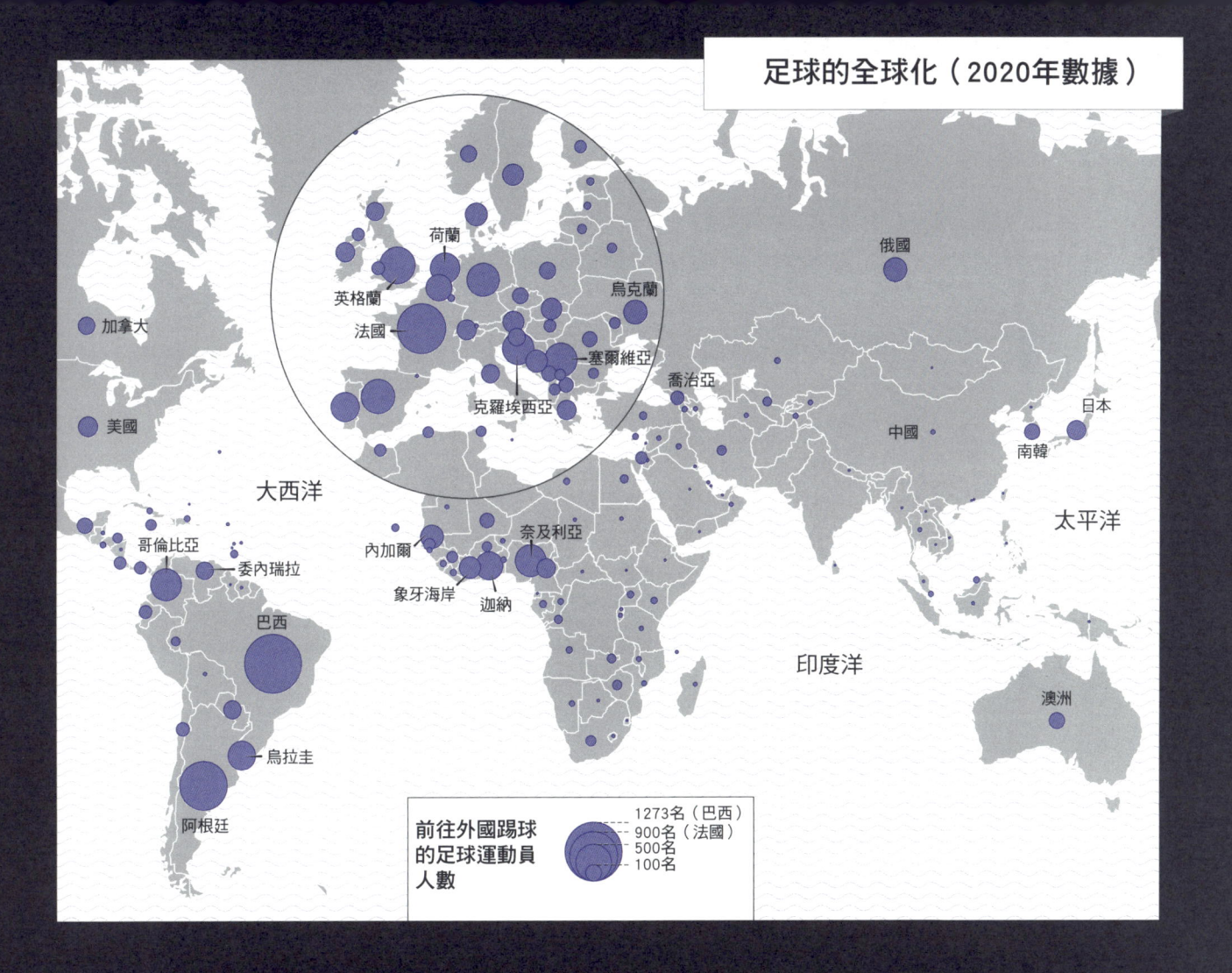

前往外國踢球的足球運動員人數	
	1273名（巴西）
	900名（法國）
	500名
	100名

加拿大 美國 哥倫比亞 委內瑞拉 巴西 烏拉圭 阿根廷 大西洋 英格蘭 荷蘭 法國 克羅埃西亞 塞爾維亞 烏克蘭 俄國 喬治亞 內加爾 象牙海岸 迦納 奈及利亞 中國 南韓 日本 印度洋 澳洲 太平洋

36
脫歐的後遺症？

　　英國脫歐對歐盟產生了一個特殊效應，它無意間實現了前十年難以達成的目標：讓所有歐洲人繞共同優先事項團結起來。即使倫敦也不得不承認，在脫歐談判中，團結的歐洲人在分裂的英國面前占據了主導地位。

　　英國脫歐的談判結果對倫敦不利。歐盟二十七國在經濟和貿易領域中找到了優勢，儘管他們在外交和戰略領域並不具備同等的實力。歐洲各國在談判中展現了戰術上的團結，這讓他們能夠利用集體力量獲得更大的利益。從長期來看，這種戰略上的團結並非浮於表面，而是由於英國脫歐對歐盟長期生存造成的威脅所迫使。

默認的同盟關係？

　　脫歐談判的艱難過程，反而讓歐洲單一市場的那些具體但長期被隱蔽的利益好處浮現出來。雖然我們不常在歐洲報紙頭條上讀到這些商業和法律上的好處，但英國的小報在脫歐過程中卻被迫開始關注歐盟機構在各個領域的運作：從藥物監管到動物園之間的動物租借、歐洲 GPS 系統、甚至是反恐領域。

　　在進行脫歐公投之前，這些

日常利益並未出現在英國的公眾討論中，直到臨近投票才逐漸浮現，同時也讓歐洲人更加意識到這些好處的存在。

討論的焦點最終集中在愛爾蘭邊境問題上，而這個議題再次展現了英國的矛盾立場。作為一個推崇自由貿易的國家，英國希望脫離歐盟單一市場和布魯塞爾的控制，但同時又想保留在歐盟市場的利益。但此前英國政府並未充分理解來自愛爾蘭、北愛爾蘭和蘇格蘭的反對聲音，這些地方不願意讓英國決定它們的未來。

對歐盟來說，英國脫歐短期內造成的危機較不明顯，但長期來看卻更具潛在威脅。歐洲在面對英國脫歐時所表現出的一致立場，並不會擴展到其他能夠分裂歐盟的重大問題上，例如東西歐間的意識形態和戰略差異，或南北歐之間的經濟差距和移民問題。歐洲各國面對倫敦時所展現的團結，時效短暫且為生存所迫，但卻有可能會讓各國領導人因此無視歐盟需要進行認真改革的需求。

> 英國脫歐對歐盟產生了一個特殊效應：
> 竟促成所有歐洲人圍繞共同優先事項而結成的聯盟。

脫歐：掩飾問題的手段？

我們必須承認，能夠指出英國或美國民主運作上的缺陷，並不等同於能夠為歐盟制定出政治計畫。因此，倘若歐盟繼續只做最低限度的改革，無視英國脫歐帶來的嚴重警訊，最終會落入什麼後果？

歐盟並不會因此而消亡。各國政府將繼續對倫敦、維也納或華沙的政治反對跡象感到恐慌，但不會試圖以集體方式解決其根源。歐盟最終將陷入無動於衷的泥淖，而解決問題的政治代價只會越來越昂貴，即使歐洲國家最後決定再次聯合，依然不得其門。

自從英國公投決定脫歐以來，法德兩國致力於打破這種命運，並通過具體和重要的合作計畫加強歐洲的團結，例如歐洲在新冠疫情危機後的復甦計畫。在此過程中，德國總理梅克爾向她的法國夥伴作出了重要讓步，同意了部分和臨時性的債務共同化原則。如果英國仍留在歐盟，這一協議很可能無法達成。而對希望提升歐洲抱負的國家而言，這項合作重新集中了焦點並提供了新的動力。

焦點

　　歐洲該如何應對英國脫歐的選擇？是應該為了遏制可能的「脫歐傳染效應」，因此採取強硬態度，冒著風險疏遠英國這個對歐盟而言重要的戰略與商業夥伴、同時也是某些成員國的優先合作對象？還是應採取務實的方式與英國建立「共存模式[41]（Modus vivendi）」？但這樣做也有風險，可能會進一步鼓勵國家主義抬頭。歐盟是否應圍繞歐元區來進行自我重振？但過於匆忙地推進一體化，也可能會促使某些原本就抱持懷疑態度的成員國與歐盟漸行漸遠。因此這些可能的選項並非單純的法律辯論，而是屬於政治討論的範疇。

---

[41] 源自拉丁語，字面意思是「生活方式」或「生活模式」。在政治和外交領域，特指一種非正式且臨時性的妥協或安排，使得原本有衝突或分歧的各方能夠和平共處，避免衝突升級。這種安排通常作為過渡性方案，等待更正式、長久的協議產生，也被視為一種權宜之妥協。

要點

　　英國脫歐成功地讓所有歐洲國家在共同優先事項上達成團結。然而，歐洲在面對英國脫歐時所表現出的一致立場，並不會擴展到其他能夠分裂歐盟的重大問題上，無論是東西歐間的意識形態和戰略差異，或南北歐之間的經濟差距和移民問題。自從英國公投決定脫歐以來，法德兩國致力於打破這種命運，並通過具體和重要的合作計畫加強歐洲的團結，例如歐洲在新冠疫情危機後的復甦計畫。對希望提升歐洲抱負的國家而言，這個計畫重新集中了焦點並提供了新的動力。

2016至2020年間，各國對歐盟不信任感的變化

2020年各國對歐盟不信任指數
- 超過60%
- 55%至60%
- 50%至54%
- 45%至49%
- 少於45%
- ↗ 自2016年以來上升
- ↘ 自2016年以來減緩

- 芬蘭 +8 ↗
- 瑞典 -1 ↘
- 愛沙尼亞 +6 ↗
- 拉脫維亞 -8 ↘
- 立陶宛 -8 ↘
- 丹麥 -15 ↘
- 荷蘭 -6 ↘
- 波蘭 -10 ↘
- 比利時 +5 ↗
- 德國 -9 ↘
- 捷克
- 斯洛伐克 -10 ↘
- 愛爾蘭 -16 ↘
- 盧森堡 +10 ↗
- 奧地利 -8 ↘
- 匈牙利 -10 ↘
- 羅馬尼亞 -3 ↘
- 法國 -8 ↘
- 義大利 +3 ↗
- 斯洛維尼亞 -9 ↘
- 克羅埃西亞 -6 ↘
- 保加利亞 -2 ↘
- 葡萄牙 -8 ↘
- 西班牙 -6 ↘
- 塞普勒斯 -9 ↘
- 希臘 -12 ↘
- 馬爾他 +8 ↗

大西洋　黑海　地中海

500 公里

37
邁向一個更凝聚的歐洲？

英國脫歐所帶來的另一項好處是它讓歐洲領導人驚覺到，布魯塞爾各項歐盟機構現行的技術性操作以及運行現狀，若只靠中間偏左與中間偏右的政治聯盟共同管理，已不足以阻止前述的離心力對歐洲大陸的侵蝕。近年來，許多歐盟創始時的政治基石都遭受了挑戰：申根區面對一波波移民潮、歐洲大陸工人如今在英國不確定是否能受到平等待遇、法治國家的原則在匈牙利與波蘭每況愈下。雪上加霜的是，歐盟本來是一個為平穩時期而設計的治理結構，其本質難以抵禦大規模的連續危機，而前述的政治離心力進一步弱化了這個結構。從經濟保護主義的誘惑，到面對難民潮時關閉歐盟內部邊界的舉措，歐盟各國各行其是的作法使得歐盟運作變得效率低下，並進一步助長了民粹主義。民粹主義鼓勵各國重新國家化，從而削弱歐盟機構的運作，而歐盟機構的無能將會回過頭來再度推動民粹主義，形成惡性循環。

歐盟的運作並不適合以「政府間協作」為核心的治理模式，並會受到這種政治動態的負面影響。由於歐盟的所作所為難以在歐洲社群中突顯出附加價值，因此導致每個國家各自為政，最終引向一個「各取所需」的歐洲。一連串的危機助長了民粹主義和歐盟重新國家化，這反過來又阻礙了歐盟機構的正常

運轉。在這種背景下，歐盟各國間的合作需求變得越來越強烈，但實際共治卻愈發困難。正如電影《窈窕淑女》（*My Fair Lady*）中，亨利‧希金斯（Henry Higgins）教授幽默的描述：一場「便利婚姻」寧可選擇糟糕的妥協，也不想要花力氣找出對所有人都有益的結果。

究竟是各取所需的歐洲……

歐盟在2004年和2007年向中歐和東歐擴展，擴大了歐洲單一市場，從而增加了商品、服務和資本在歐洲內部的流動。然而這些擴展也稀釋了單一市場的政治治理，間接加劇了歐盟機制的停滯不前。歐洲的政治一體性因此降低，不過這並未讓英國這樣的成員國感到不滿，因為英國從未希望看到一個強大的政治性歐洲。而在歐盟創始國之中，也有國家（包括義大利和法國）對歐盟執委會及其財政正統觀點表示潛在的反對。歐盟未來可能會更注重於關鍵領域的整合，例如防務、安全或科技監管，這些領域需要採取具體的行動和列舉出明確的優先事項，並且在必要時，由更少數、但更加團結、且互相信任的合作夥伴主導進程。這需要各國元首堅韌的意志，以及德法兩國的強力推動。

法國曾提倡「三圈歐洲」的構想：第一圈涵蓋了基於民主原則和自由經濟的價值聯盟；第二圈則稍為縮小，將圍繞更嚴格的單一市場，其合作涵蓋商業、數位化甚至軍事領域，並保障公民間自由流動的基本權利；第三圈則最為狹窄且高度整合，將推動社會政策、就業政策及整體經濟的同步化。

……還是政治性的歐洲？

這樣的提案可能會逐漸將歐洲區分為兩塊：一邊是更具政治性的歐洲，圍繞歐元區或其創始成員國進行重新集中，並更深入執行民主監督；以及另一邊是更強調經濟性的歐洲，各國之間的連結更為鬆散且逐案協調。這可以幫助歐洲擺脫希金斯教授所描述的悲慘情境，縮小歐盟與其公民之間逐漸形成的鴻溝。

然而歐盟也必須謹慎考慮，這項作法可能會為歐洲大陸帶來離心力，導致二十七個成員國比英國脫歐之前更加分裂。倫敦的存在，曾經使巴黎和柏林在雙方出現分歧時，能夠找到其他隊友；而如今德法兩國若直接對立，可能會時不時加劇歐盟內部的緊張關係，尤其是在歐元區的未來或歐洲防務問題上。

> **歐盟未來很可能會優先考慮推動關鍵領域的整合。**

焦點

　　歐盟各國以不同的速率前進並非一個全新的概念。我們甚至可以說，歐盟的建設本質上就是各種差異化的整合：歐元區擁有十九個成員國、申根區擁有二十二個成員國及四個夥伴國、《阿姆斯特丹條約》加強了各國之間的合作、《里斯本條約》創立了常設結構性合作（該項合作於 2018 年 3 月開始，由二十五個成員國實施三十四項專案）。歐盟委員會在 2017 年發表的《歐洲防務未來白皮書》中，首次正式提及歐洲內部多重進程的概念。2018 年 6 月，法國在歐洲共同體框架外發起了「歐洲干預倡議」，旨在通過深化交流、經驗分享及共同行動，促進八個歐洲國家之間的戰略文化合作。

要點

　　圍繞一個核心國家群組來重塑歐盟的想法，可能會逐漸將歐洲區分為兩塊：一邊是更具政治性的歐洲，圍繞歐元區或其創始成員國進行重新集中，並更深入執行民主監督；以及另一邊是更強調經濟性的歐洲，各國之間的連結更為鬆散且逐案協調。這可能有助於歐洲彌補歐盟與其公民之間逐漸擴大的裂痕，但歐盟同時需要留意，這項作法可能會為歐洲大陸帶來離心力。

一個核心多元的歐洲

對歐盟、歐元區、申根區、歐盟財政協定和北約的參與

- 參與全部 5 項
- 5 項中參與 4 項
- 5 項中參與 3 項
- 5 項中參與 2 項
- 5 項中參與 1 項

冰島、挪威、瑞典、芬蘭、愛沙尼亞、拉脫維亞、立陶宛、丹麥、英國、荷蘭、愛爾蘭、比利時、德國、波蘭、捷克、斯洛伐克、瑞士、奧地利、匈牙利、羅馬尼亞、法國、義大利、斯洛維尼亞、克羅埃西亞、保加利亞、蒙特內哥羅、阿爾巴尼亞、葡萄牙、西班牙、希臘、馬爾他、塞普勒斯、土耳其

大西洋、黑海、地中海

500 公里

38
托克維爾陷阱

儘管歐洲大陸正經歷與英國脫歐極為相似的政治現象，但卻不願意承認眼前的徵兆。當前的政治抗爭活動——從英國的脫歐公投到法國的黃背心運動[42]——有一項無法忽視的共同特徵：即便有著高度的複雜性，這些活動背後的力量仍是民主的脈動。歐盟無疑該汲取這項教訓：人民希望能夠參與與己身未來相關的政治決策，但現有的機構卻未能傾聽他們的聲音。

法國總統馬克宏也承認：「人民的不滿情緒日益加劇，是源於在社會、經濟、道德及民主層面上的失落感。」他甚至認為這反映了「歷史的理性」。歐洲是否能縮著頭等待這波浪潮過去，暗暗希望能迴避這場政治辯論？若保持觀望的態度，只會使人民更加感受到政府的麻木不仁；歐盟應該反過來清楚地闡明面前的緊張態勢，並重新賦予人民發聲的權利。

麻木不仁帶來的危害

然而若要從英國脫歐的經驗與訴求中汲取教訓，卻不慎落入破壞性的二元對立——即代議民主與直接民主的對立——顯然無濟於事。因為一旦自由民主國家對自身的治理制度失去信心，就會自行引發憲政與政治危機。英國首相卡麥隆最初開啟公投的決定就是一個明顯的例子；而其繼任者梅伊對自己國會

的不信任，則是這個政治進程在邏輯上的終點。

在內政層面上，這種自我實現式的預言容易讓人聯想到學者艾利森在國際層面所提出的「修昔底德陷阱」。艾利森特別提到美國與中國的關係，指出兩國之間僅因對彼此的恐懼就有可能引發戰爭。當前的歐洲正遭遇類似的情況，但是在國內的層面上：自由民主國家及其制度正與自身開戰，而這種現象在未來幾年內可能會愈演愈烈。

有第三條道路嗎？

這種想要以民主方式駕馭政治的正當野心，也體現在國家層面上。然而以公投為手段的直接民主弊大於利，引發的問題比解決的問題多。在這樣的背景下，歐洲各國不應對其治理體系感到恐懼，也不應該害怕面對具有建設性的抗議；他們應該反過來抓住這股民主的脈動，讓代議制重新攫取在巴黎、倫敦、羅馬、布魯塞爾等地所失去的活力。這麼做將能夠開創新的途徑，讓國內的代議民主充分代表民意的參與，也促使代議機構更深入地參與各種決策。托克維爾曾針對直接民主與代議民主之間的緊張關係進行分析，並指出一個國家難以「不容許政府與公民之間存在中介」，這正是歐洲各國如今應該避免的陷阱。

歐盟必須找到一條新的路徑，實現人民自決未來的願望，但同時又能保有能為民主國家在動盪時期提供良好穩定性的代議機構。我們必須建構出一個體系，能夠兼顧兩種民主模式的優勢，但不會受到其缺點的影響。我們目前距離此一目標路途仍然遙遠。法國的政治辯論產生了如「對政府的質詢權」或「放寬地方民主參與」等提案，而行政當局則提議以「協商民主」作為公投與代議制之間的第三條道路。這些提案的出現本身值得肯定，但當務之急是需要在國家層面上將其具體化，並在歐洲框架中展開有效的辯論。然而這些提案的實施亦有前提，即必須對民主辯論的基本條件達成共識，認同一種共同的議事倫理。對基本原則的正式共識，是建構深層次共識的必要條件，即使深層次共識有可能呈現動態或片段化。

> 儘管歐洲大陸正經歷與英國脫歐極為相似的政治現象，但卻不願意承認眼前的徵兆。

焦點

　　自 1972 年以來，一系列的公投揭露了歐洲建設進程中的輿論變化，以及直接民主可能帶來的矛盾現象。1975 年，英國以 67% 的贊成票選擇留在歐洲經濟共同體，當次投票率為 65%。2016 年，該國以 51.9% 的比例選擇脫離歐盟。2001 年，愛爾蘭有 46% 的選民選擇不通過《尼斯條約》，而當時的投票率僅為 34.8%。2002 年，愛爾蘭再次舉行投票，62.9% 投贊成票，37.1% 反對，本次投票率提高至 49.5%。2005 年，法國（54.9%）和荷蘭（61.5%）拒絕了歐洲憲法提案。2008 年，愛爾蘭以 53.2% 的反對票拒絕通過《里斯本條約》。但 2009 年愛爾蘭再次投票，這次卻有 67.1% 的選民表示支持。2015 年，希臘舉行公投，決定是否接受歐盟的融資條件；儘管有 61% 的選民投下反對票，希臘政府最終還是接受了這些條件。

---

[42] 黃背心運動是 2018 年 11 月法國因反對燃油稅上漲及生活成本增加，引發的全國性抗議行動，要求社會公義及政治改革。

要點

　　自由民主國家及其制度正面臨內部矛盾，而這種現象在未來幾年內可能會愈演愈烈。然而若要從英國脫歐的經驗與訴求中汲取教訓，卻不慎落入破壞性的二元對立──即代議民主與直接民主的對立──顯然無濟於事。他們應該反過來抓住這股民主的脈動，讓代議制重新攫取曾經失去的活力。

歐洲條約年表

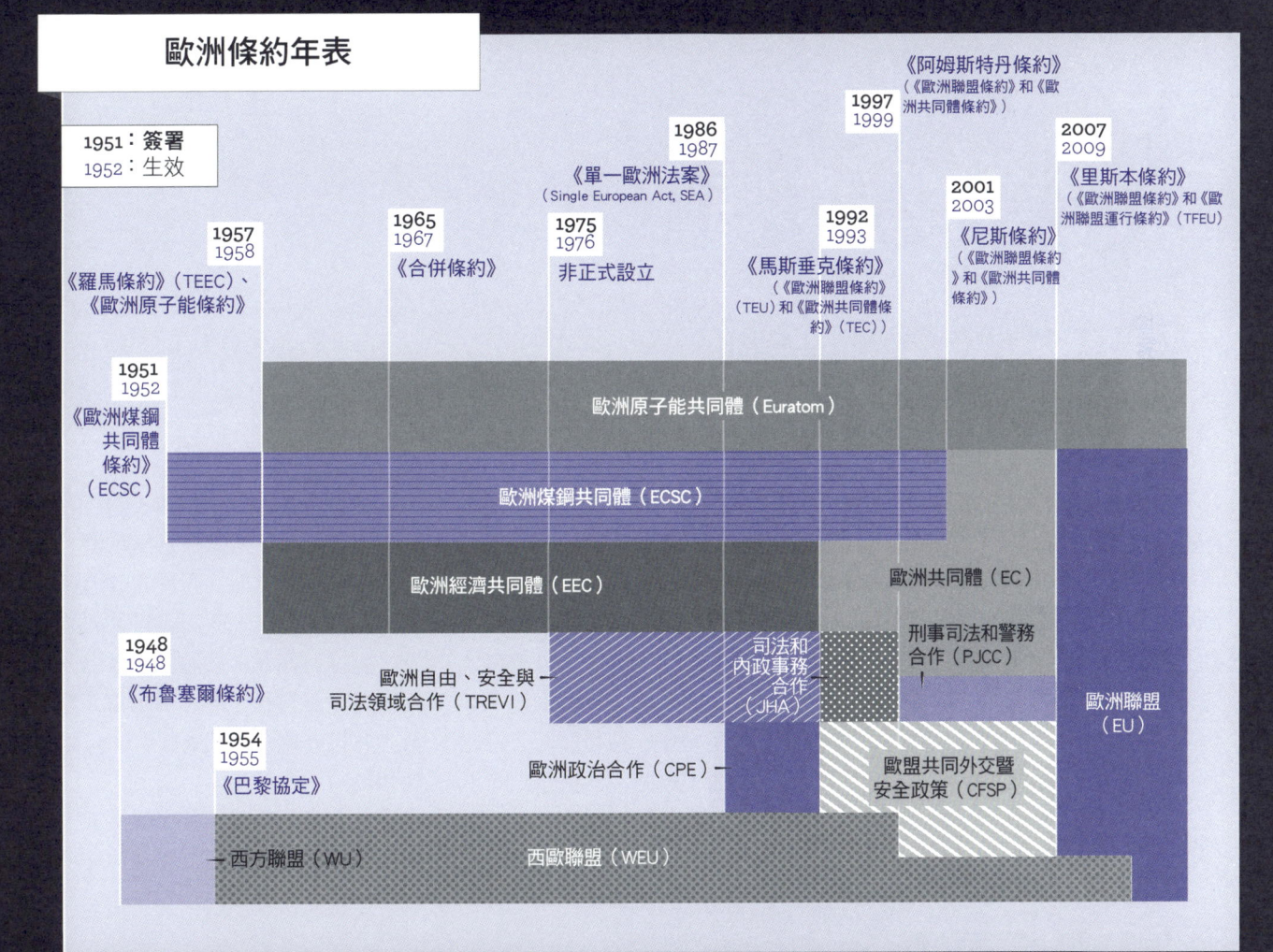

1951：簽署
1952：生效

1957 / 1958
《羅馬條約》(TEEC)、《歐洲原子能條約》

1965 / 1967
《合併條約》

1975 / 1976
非正式設立

1986 / 1987
《單一歐洲法案》(Single European Act, SEA)

1992 / 1993
《馬斯垂克條約》(《歐洲聯盟條約》(TEU)和《歐洲共同體條約》(TEC))

1997 / 1999
《阿姆斯特丹條約》(《歐洲聯盟條約》和《歐洲共同體條約》)

2001 / 2003
《尼斯條約》(《歐洲聯盟條約》和《歐洲共同體條約》)

2007 / 2009
《里斯本條約》(《歐洲聯盟條約》和《歐洲聯盟運行條約》(TFEU))

1951 / 1952
《歐洲煤鋼共同體條約》(ECSC)

1948 / 1948
《布魯塞爾條約》

1954 / 1955
《巴黎協定》

- 歐洲原子能共同體（Euratom）
- 歐洲煤鋼共同體（ECSC）
- 歐洲經濟共同體（EEC）
- 歐洲共同體（EC）
- 歐洲自由、安全與司法領域合作（TREVI）
- 司法和內政事務合作（JHA）
- 刑事司法和警務合作（PJCC）
- 歐洲聯盟（EU）
- 歐洲政治合作（CPE）
- 歐盟共同外交暨安全政策（CFSP）
- 西方聯盟（WU）
- 西歐聯盟（WEU）

39 歐盟會解體嗎？

哲學家克萊門‧羅塞（Clément Rosset）曾經說過：「人類難以忍受對於衰老和死亡的預期，因此寧願固執地轉身背對現實。」這麼做的人只會將自己推入一個替代性宇宙，陷入自己的邏輯中，排拒真實世界的現狀，只能用自己想要的視角進行自我衡量。這個理論框架也可以用來分析某些集體行為，而歐盟就是其中一個例證。

歐盟面臨著兩個主要問題，這兩個問題從理論上看起來一目了然，但在實踐中卻不那麼顯而易見。首先，歐盟必須記住其存在並不與世隔絕，也無法自外於其人民。其次，歐盟必須提醒人民，其存在是有意義的，並且比起「造成問題」更能「解決問題」。

究竟會轟然倒下……

即使是對世界局勢漠不關心的人都會知道，英國選擇退出歐盟、馬克宏以支持歐洲共同體的政治綱要當選法國總統，而川普對歐洲並不一定抱有好感。然而墨格里尼、何塞普‧博雷利（Josep Borrell）等努力在世界舞台上代表歐盟的人卻藉藉無名。

這種低層次的現象學提供了一個具體的例子，呈現出法國外交家

於貝爾・凡德林（Hubert Védrine）所稱的「人民的冷漠之牆」，而歐盟在這方面難以突圍而出。因此歐盟不妨捫心自問，自己是否真的與所應代表的公民站在同一陣線？如果事情朝著不幸的方向發展，儘管面對英國脫歐帶來的直接衝擊、美國總統的虛情假意和法德雙方的合作聲明，歐盟仍無法達成共識、作出回應，那麼人民是否有理由懷疑歐盟適應周圍世界的能力。

站在「向世界開放」或「成為全球化逆流」兩個選項之間，歐洲老邁的民主國家已然無力招架這些根本性的變化。因此它們的第一反應往往是在短期內回縮，並且是以分散無序的方式進行。與此同時，歐洲民眾的第一直覺反應是緊張焦慮，常常對鄰居——無論遠近，反正是某種程度的他者——投以各種無狀的指責。因此隨著時間的推移，歐洲內部的合作將需要投入更多的能量和政治資本才能實現。

……還是溫水煮青蛙？

歐盟目前面臨兩條明確的出路：更深入的整合，或者具有共識的後撤。然而自 2008 年以來，歐洲卻最終卡在一個姍姍來遲、不盡如人意、但政治上可行的中間方案上，而後穩定下來。儘管危機不斷升溫，歐盟雖漸漸彎曲但並未斷裂。正如 2020 年所制定的復甦計畫所示，歐盟也擁有在危機中找到機會反彈的能力。歐洲共同體計畫並不會因為制度的崩潰、經濟和貨幣體系的解體、節節進逼的民粹主義和歐洲懷疑論而死亡；歐洲真正的死亡將是因為「人民的冷漠之牆」不斷增高，切斷了歐盟與人民之間本就散漫的聯繫。這項危機比起貨幣崩潰而言更不具體，但卻同等重要，因為與人民的連結將影響對歐盟的信任和團結，最終也將決定歐洲機器是否能夠運作。歐盟在缺乏反應的情況下，面臨的風險不是產生對歐洲的仇恨，而是冷漠與麻木，並繼續被動地陷入現狀的泥沼，而非成為擘劃未來的主動參與者。英國文豪艾略特（T.S. Eliot）曾在其詩作，〈空心人〉（The Hollow Men）中，描寫了一群無法將思想轉化為創造，或將欲望轉化為實踐的人類，其詩句中的敘述漸漸剝離分解，最終變成了失望的祈禱：「世界是這麼終結的／沒有轟鳴，只有嘆息。」

> 歐盟不妨捫心自問，自己是否真的與所應代表的公民站在同一陣線？

焦點

《歐洲聯盟運行條約》標誌著「在創造一個日益緊密、屬於歐洲人民聯盟的過程中,邁出了新的一步,在歐盟中,決策在最大程度上尊重開放原則,並盡可能貼近人民」。事實上,困擾歐洲的政治波動幾乎無法在國家層面解決,因此在某種程度上必須尋求國家之間的協商。然而這種安全、經濟和社會中高度緊繃的時空環境,並不利於尋找能夠超越各國政治反應的集體解決方案。歐洲的悖論似乎既不可避免又難以開解:歐洲越是需要協調,就越無法提供協調。但這並不是一種轟然解體的風險,因為正如雷吉斯·德布雷(Régis Debray)在艾略特之後所寫的:「事情並不會轟然發生,而是沿著屋頂悄然滑下,輕柔地風化裂解,微小的碎屑中卻包含著更多的真實。」

要點

歐盟目前面臨兩條明確的出路:更深入的整合,或者具有共識的後撤。然而可惜的是,歐盟對於兩者都沒有表現出明確的立場。自2008年以來,歐洲最終卡在一個姍姍來遲、不盡如人意、但政治上可行的中間方案上,而後穩定下來。儘管危機不斷升溫,歐盟漸漸彎曲但並未斷裂,並傾向於在共識中尋找避風港。但這份維持在二十七個國家之間的妥協,究竟能夠支撐這個脆弱的現狀多久?

區域主義與獨立主義的興起

圖例：
- 聯邦制國家
- 區域制國家
- 曾舉行或將舉行公投的地區

新喀里多尼亞（法國）
曾於2020年10月4日舉行自決獨立公投，結果以53.26%反對獨立告終。

法羅群島
原定於2018年4月25日舉行的自決公投已被推遲，但相關討論仍在繼續進行。

蘇格蘭
在之前的獨立公投中，以55%反對票未通過。隨著英國脫歐，獨立派政黨希望再次舉行公投。

法蘭德斯
新佛拉蒙聯盟（N-VA）是比利時最大的荷蘭語政黨，提倡比利時採取邦聯制；而佛拉蒙利益黨（Vlaams Belang）則要求法蘭德斯地區獨立。

巴斯克地區
巴斯克祖國與自由組織（ETA）於2017年4月7日正式放下武器，並於2018年5月2日宣布解散。

加泰隆尼亞
曾於2017年10月1日進行了一次違憲的獨立公投，90.18%的選民支持獨立。然而該次投票的代表性受到爭議。根據報導，約有44%的加泰隆尼亞人支持獨立，而48.3%的人則反對。

倫巴底─威尼托
2017年10月22日舉行了一次諮詢性公投，結果有96.02%的選民支持獲得更多自治權，但投票的參與率和代表性受到質疑。

隨著「北方聯盟」向義大利南部的擴展，分裂主義的呼聲漸漸被邊緣化。

地圖標示國家：英國、比利時、德國、奧地利、法國、西班牙、義大利

比例尺：500 公里

40
邁向一個關係型的歐洲

　　愛爾蘭詩人謝默斯・希尼（Seamus Heaney）引用古羅馬守護和平與鄰邦和諧的守護神「特米努斯」的形象，以便闡釋「在今天的世界上生活，意味著同時身處多個不同的心理與文化層次中。作為人類的奇妙之處在於，我們擁有一架知識與想像的升降機，只需彈指就可以隨意地在不同的樓層之間自由穿梭。這就是全球化的世界，種種事物可能以出乎意料、甚至以劇烈的方式侵入另一項事物」。

　　2020年席捲全球的新冠疫情就充分顯示，在中國市場裡某個攤位上發生的事情，其影響可能遠至地球上最隱蔽的角落；從英國航空公司的破產，到智利聖地牙哥小攤販的生計。面對這種常態化的混亂，歐洲是否處於最無法理解與適應的位置？希尼提醒我們，在羅馬卡庇托林山上的朱比特神廟裡，界神特米努斯的石碑被安置在屋頂的開口之下，因此可以直面無邊的天空。界限亦有限，而這位邊界守護神自己也不願意寄人籬下。

　　全球化使得事物趨向一致，而與他人建立關係則能開拓更多的可能性，同時保留自身的獨特性，這兩者之間有著根本性的差異。這表示我們不應該想著去消滅那些強烈的身分認同圈，因為這些身分認同使人民能夠找到歸屬、感到被傾聽、認為自己能有所掌控。這也是將權力委託給超國家組織，或創造更大身分認同圈的前提條件。簡而言之，界限正是用來超越的。

向心與離心？

　　作家史密斯在講述其人生經歷時曾提到，她的生活範圍橫跨了倫敦的上流文學圈和她青少年時期居住的貧困街區，這種混合的型態讓她得以過上「多種人生」，而不只是一種人生，或者對半切的人生。

　　她曾表示：「我的童年故事就是一鍋大雜燴，不同的事物彼此揉合在一起。我從未想過要離開倫敦威爾斯登區，然後擁抱劍橋；我認為我是在把劍橋的所見所聞加入到威爾斯登的經驗裡，將新的表達方式與舊有的語言相結合。有一段時間我的生活是這樣的：放假待在家裡時，我用從前的聲音說話，而這種往昔的聲音似乎能夠感受並表達出我在大學裡無法說出口的東西，反之亦然。我為這種靈活性感到驚喜，這就像是同時過上了兩種人生。」

　　相反地，歐洲在過去十年中，卻在缺乏這種參照系統的情況下變得日漸僵化，並主要表現為一股強大的「再國家化」（Renationalisation）浪潮。從《申根協定》到「不歧視原則」，從政治民粹主義到法治國家，從倫敦到頓涅茨克，從華沙到布達佩斯，支撐歐盟運作的支柱正在逐漸崩解。

建設性與破壞性？

　　有鑑於當前所面臨挑戰的性質與數量，人們擔心，歐盟傳統中那份「具有建設性的模糊性」回應將逐漸失去效用。

　　正如史密斯所言：「靈活性需要付出努力才能維持。近日以來，我的雙重聲音已經離我而去，取而代之的是一種單一的聲音，反映出我身為作家所處的小小世界。」歐洲同樣也是一個不斷製造各種混合體的實驗室，持續在個人與社群、國家與大陸、身分認同與政體、村莊與地平線之間，進行往復的製造與重塑。而一份共同的志業則需要全體的投入。

　　歐洲要不接受一鍋由固定、內向、和反應性身分認同拼湊組合而成的大雜燴，要不就得成功地挖掘出這些身分認同的共同基礎，即使這項基礎總是變化多端，且不斷被重新塑造。史密斯再次道出了這一點：「威爾斯登曾是色彩斑斕的工人階級海洋；劍橋則是一個較小、較平靜且成分單一的池塘；而文學界只是一個小水窪。我在成長途中學會的聲音，終究與我融為一體，不再是一件來自異地的衣裳，或者一件顯眼的學士服。」也許有一天，歐洲在經過不斷的「重複書寫」後，可以踏上同樣的路途。

> **歐洲是一個不斷製造並重塑各種混合體的實驗室。**

焦點

　　民主實踐假設了一種議事倫理，認為無論面對再激烈的分歧，都不應該立即結束辯論。這種共識構成了成熟民主的基礎，因為它能讓各種不同的觀點持續進行表達。然而隨著網路社群辯論的無可避免，這種共識基礎似乎受到了挑戰：我們的社會是否具備足夠的耐心，有能力（或者有「天賦」，根據法國社會學家皮埃爾‧布迪厄〔Pierre Bourdieu〕的說法）能夠在分歧的觀點上建立妥協？

要點

　　全球化帶來了同質化和標準化的趨勢，但歐洲可以用其豐富的歷史經驗，看待世界的多樣觀點以及融合的能力，讓自己像史密斯一樣，得以過上「多種人生」，而不只是一種人生或者對半切的人生。與其試圖消除差異，不如挖掘出這些差異背後的共同基礎。這些共性深植於歐洲的歷史中，並隨著時代在共同的生態、地理和戰略環境中演變發展。

歐盟未來應該優先處理哪些問題？

根據您的看法，以下哪些問題應是歐盟的優先事項？
（最多可選三項）

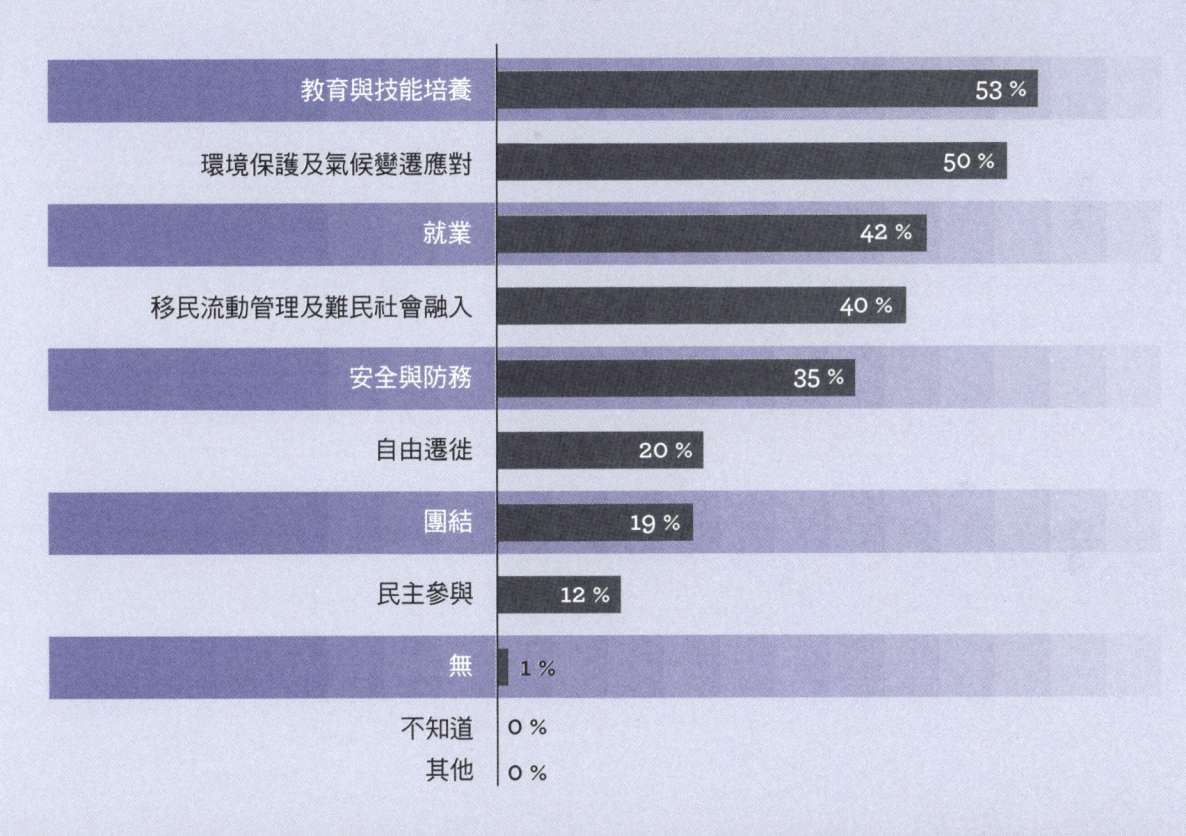

項目	百分比
教育與技能培養	53 %
環境保護及氣候變遷應對	50 %
就業	42 %
移民流動管理及難民社會融入	40 %
安全與防務	35 %
自由遷徙	20 %
團結	19 %
民主參與	12 %
無	1 %
不知道	0 %
其他	0 %

参考書目

BUCHAN Pascal, *Europe, l'étrange superpuissance*, Éditions Apogées, 1993.

CARLSNAES Walter et SMITH Steve (sous la dir.), *European Foreign Policy*, Sage, 1994.

CHRISTIANSEN Thomas, JORGENSEN Knud Eric et WIENER A. (sous la dir.), *The Social Construction of Europe*, Sage, 2001.

GALTUNG John, *The European Community: A Superpower in the Making*, Georges Allen & Unwin, 1973.

GNESOTTO Nicole, *La Puissance et l'Europe*, Presses de Science Po, coll. « Bibliothèque du citoyen », 1998.

Haas Ernst B., *The uniting of Europe: Political, Social and Economic Forces 1950-1957*, Stanford University Press, 1958.

KELSTRUP Morten et WILLIAMS Michael (éd.), *International Relations Theory and the Politics of European Integration. Power, Security and Community*, Routledge, 2000.

KNODT Michelle et PRINCEN Sebastian (éd.), *Understanding the European Union's External Relations*, Routledge, 2003.

KONHNSTAMM Max et HAGER Wolfgang (dir.), *A Nation Writ Large? Foreign Policy Problems before the European Community*, MacMillan, 1973.

LAÏDI Zaki, *La Norme sans la force, l'énigme de la puissance européenne*, Presses de Sciences Po, coll. « Nouveaux débats », 2006.

MILWARD Alan S., *The European rescue of the Nation-state*, Routledge, 2e éd., 1999.

MORAVCSIK Andrew, *The Choice for Europe*, UCL Press, 1998.

MORAVCSIK Andrew (éd.), *Centralisation or fragmentation? Europe facing the challenges of Deepening, Diversity and Democracy*, Council on Foreign Relations Press, 1998.

PETERSON John et SJURSEN Helen (éd.), *A Common Foreign Policy for Europe? Competing Visions of the CFSP*, Routledge, 1998.

PETITEVILLE Franck, *La Politique internationale de l'Union européenne*, Presses de Science Po, 2006.

PIENING Christopher, *Global Europe*, Lynne Rienner, 1997.

RHODES Carolyn (éd.), *The European Union in the World Community*, Lynne Rienner, 1998.

Rosamond Ben, *Theories of European Integration*, Palgrave, 2000.

Sjöstedt Gunar, *The external role of the European Community*, Saxon House, 1977.

Thurow Lester, *La Maison Europe, superpuissance du XXe siècle*, Fondation Saint-Simon/Calmann-Lévy, 1992.

Whitman Richard, *From Civilian Power to Superpower? The International Identity of the European Union*, MacMillan, 1998.

資訊圖表來源

不斷被書寫的歐洲 ················ 11

歐洲歷史上的身分認同 ············ 15
來源：https://la-story.over-blog.com/2017/01/le-projet-d-une-europe-politique-depuis-le-congres-de-la-haye-1948.html

思想上的歐洲──文人共和國 ······ 19
來源：地圖說明 http://la-story.over-blog.com/2017/01/le-projet-d-une-europe-politique-depuis-le-congresde-la-haye-1948.html

歐洲人對歐洲有所認同，但不如認同其所屬的地區或國家那樣強烈 ············ 23
來源：«La citoyenneté européenne», Eurobaromètre Standard 89, printemps 2018

歐洲各國最常使用的外語 ·········· 27
來源：Statista，2012 年數據

歐洲的民主化進程 ················ 31
來源：法國官方出版物

歐洲重要的主權戰場 ·············· 35
來源：歐洲議會

《里斯本條約》是一項成就嗎？ ···· 39
來源：法新社（AFP）

以價值觀為基礎的歐洲 ············ 43

歐洲的象徵符號 ·················· 47

歐盟的權限範圍及干預程度 ········ 53
來源：羅伯特・舒曼基金會（The Robert Schuman Foundation）

大歐洲市場 ······················ 57
來源：https://www.bloomberg.com/

176　GÉOPOLITIQUE DE L'EUROPE

歐洲進出口中國和美國的數據 61
來源：Iostat，2016 年數據（圖表），2019 年其餘數據

歐盟主要機構 65
來源：Diploweb，2014 年 5 月

在移民危機與收容危機之間 69
來源：《世界報》（Le Monde），2015 年 8 月

歐洲對斯克里帕爾案的反應 73
來源：《世界報》

歐洲的戰略認同 77
來源：Thierry Balzacq et Frédéric Ramel (dir.), Traité de relations internationales, Les Presses de Sciences Po, 2013

歐洲的防務合作 81
來源：«Défense européenne: le défi de l'autonomie stratégique», rapport d'information n°626 (2018-2019) du Sénat

兩個戰略合作的鄰國 85
來源：蒙田研究院（Institut Montaigne）

以數據來看德法關係 89
來源：法國外交部

現代歐洲大陸上的戰爭與和平 95

歐盟各國公債（2020 年 7 月） 99
來源：Noémie Galland-Beaune, «La dette publique des États de l'Union européenne», touteleurope.eu, 10 août 2020

歐洲安全戰略 103
來源：Olivier de France, Nick Witney, «Europe's Strategic Cacophony», European Council on Foreign Relations, 2013

2015 年歐洲各國對威脅的看法 107
來源：Pascal Orcier, Géoconfluences, 2019

歐盟對外軍事任務與行動 111
來源：«Military and civilian missions and operations», Service européen pour l'action extérieure (SEAE), 2019

歐洲與美國的軍事資源 115
來源：«EU Defence Cooperation Programmes», https://euro-sd.com/, 2019

資訊圖表來源　177

歐洲是否應該實行自主的外交政策？ ················ 119
來源：歐洲晴雨表第 81、83、85、87、89、91 和 93 期

世界大多數危機都發生在從布魯塞爾飛行六個
小時的範圍內 ································· 123
來源：Michel Foucher 和 Michel Orcier, https://legrandcontinent.eu

2020 年巴爾幹半島勢力分布 ····················· 127
來源：Thierry Gauthé 為《國際郵報》繪圖，作者更新

中國在歐盟內的投資 ···························· 131
來源：法新社數據，其餘部分為作者

2050 年全球經濟強國 ··························· 137
來源：Statista, d'après l'étude «The Long View: How will the global economic order change by 2050?» mené par le cabinet d'audit PwC en février 2017

各區域不平等的全球化整合程度 ·················· 141
來源：Gygli, Savina, Florian Haelg, Niklas Potraçe and Jan- Egbert Sturm, «The KOF Globalisation Index – Revisited», *Review of International Organizations*, 14(3), 2019, p.543-574

移民對歐洲邊境的影響 ·························· 145
來源：Cathy Macherel, «Schengen se fissure, les frontières reviennent», *24heures.ch*, 29janvier 2016

英國與歐盟關係的演變 ·························· 149
來源：法新社、https://brexit.gouv.fr/sites/brexit/accueil.html

足球的全球化（2020 年數據）···················· 153
來源：足球觀測所（Observatoire du football）

2016 至 2020 年間，各國對歐盟不信任感的變化
······································· 157
來源：2016 年與 2020 年歐洲晴雨表

一個核心多元的歐洲 ···························· 161
來源：Pascal Orcier, *Géoconfluences*, 2017

歐洲條約年表 ·································· 165

區域主義與獨立主義的興起 ······················ 169
來源：Francis Brochet, «Europe: vers une contagion catalane?», republicain-lorrain.fr, 4 octobre 2017; carte mise à jour par l'auteur.

歐盟未來應該優先處理哪些問題？ ················ 173
來源：快速歐洲晴雨表第 455 期，2017 年 9 月調查，2018 年 1 月發布

「地緣政治」系列：
理解世界不可或缺的指南

危機、戰爭、外交事件⋯⋯大國之間的博弈充斥在每日的新聞中，本系列讓讀者理解當今世界不可或缺的關鍵資訊，同時給充滿熱情、滿懷好奇或是一知半解讀者的一塊入門磚，專家作者在淺顯易懂的主題文章剖析當代重大議題，讓讀者輕鬆掌握事件緣起、挑戰、問題和未來展望。

一看就懂！歐洲與地緣政治：40張資訊圖表，從超國家體制理解歐盟經濟、軍事、移民、身分認同的挑戰，掌握動盪世界和平新路徑
Géopolitique de l'Europe

| 作　　　者／奧利維耶・德・法朗斯 Olivier de France
| 譯　　　者／李佳
| 責 任 編 輯／王拂嫣
| 版　　　權／游晨瑋、吳亭儀
| 行 銷 業 務／林秀津、周佑潔、林詩富、吳淑華、吳藝佳
| 總 編 輯／程鳳儀
| 總 經 理／彭俊國
| 事業群總經理／黃淑貞
| 發 行 人／何飛鵬
| 法 律 顧 問／元禾法律事務所　王子文律師
| 出　　　版／商周出版
| 　　　　　　城邦文化事業股份有限公司
| 　　　　　　台北市南港區昆陽街16號4樓
| 　　　　　　電話：(02) 2500-7008　　傳真：(02) 2500-7759
| 　　　　　　E-mail：bwp.service@cite.com.tw
| 發　　　行／英屬蓋曼群島商家庭傳媒股份有限公司城邦分公司
| 聯 絡 地 址／台北市南港區昆陽街16號8樓
| 　　　　　　書虫客服服務專線：(02) 25007718・(02) 25007719
| 　　　　　　服務時間：週一至週五上午 09:30-12:00；下午 13:30-17:00
| 　　　　　　24 小時傳真專線：(02) 25001990・(02) 25001991
| 　　　　　　服務時間：週一至週五 09:30-12:00・13:30-17:00
| 　　　　　　劃撥帳號：19863813；戶名：書虫股份有限公司
| 　　　　　　讀者服務信箱 E-mail：service@readingclub.com.tw
| 　　　　　　城邦讀書花園 www.cite.com.tw
| 香港發行所／城邦（香港）出版集團有限公司
| 　　　　　　香港九龍土瓜灣土瓜灣道86號順聯工業大廈6樓A室
| 　　　　　　電話：(852)2508-6231　　傳真：(852)2578-9337
| 　　　　　　Email：hkcite@biznetvigator.com
| 馬新發行所／城邦（馬新）出版集團【Cite (M) Sdn. Bhd.】
| 　　　　　　41, Jalan Radin Anum, Bandar Baru Sri Petaling,
| 　　　　　　57000 Kuala Lumpur, Malaysia
| 　　　　　　電話：(603) 90563833　　傳真：(603) 90576622
| 　　　　　　Email：services@cite.my

| 封 面 設 計／徐璽設計工作室
| 　　　　　　　　　　　　　　　電腦排版／唯翔工作室
| 印　　　刷／韋懋實業有限公司
| 經　　　銷／聯合發行股份有限公司　電話：(02) 2917-8022　傳真：(02) 2911-0053
| 　　　　　　地址：新北市新店區寶橋路235巷6弄6號2樓

■ 2025 年 8 月 21 日初版

Printed in Taiwan

定價／480 元

ISBN：978-626-390-591-7

版權所有・翻印必究

國家圖書館出版品預行編目資料

一看就懂！歐洲與地緣政治：40張資訊圖表，從超國家體制理解歐盟經濟、軍事、移民、身分認同的挑戰，掌握動盪世界和平新路徑/奧利維耶・德・法朗斯（Olivier de France）著；李佳譯. -- 初版. -- 臺北市：商周出版：英屬蓋曼群島商家庭傳媒股份有限公司城邦分公司發行，2025.08
　面；　公分. --（生活視野；53）
譯自：Géopolitique de l'Europe
ISBN 978-626-390-591-7（平裝）

1.CST：國際關係　2.CST：地緣政治　3.CST：外交政策　4.CST：歐洲

574.4
114007780

Original French title: *Géopolitique de l'Europe*
© 2021, Éditions Eyrolles, Paris, France
Chinese complex characters edition arranged through The Grayhawk Agency
Complex Chinese translation copyright © 2025 by Business Weekly Publications, a division of Cité Publishing Ltd.
All rights reserved.